Massicotte et son temps

National Museum of Man
(National Loans Programme)
921 St. Laurent Boulevard
Ottawa, Ontario
K1A 0M8

Musée national de l'Homme
(Programme national des prêts)
921, boulevard St. Laurent
Ottawa, Ontario
K1A 0M8

Bernard Genest

Massicotte et son temps

Boréal Express

Cet ouvrage est publié dans la collection
«Iconographie de la vie québécoise»
dirigée par Jean Simard.

© LES ÉDITIONS DU BORÉAL EXPRESS
Case postale 418, Station Youville, Montréal

ISBN 2-89052-000-5

Dépot légal: 1er trimestre 1979
Bibliothèque nationale du Québec

Préface

Les Québécois, on le sait, s'écoutent et se regardent bien plus facilement qu'ils ne se lisent. Une enquête récente[1] révélait en effet que plus de cinquante pour cent de la population n'avait jamais lu un livre et que l'on comptait bien plus de téléspectateurs pour des émissions comme «Rue des Pignons» ou «Les Berger» que de lecteurs pour l'ensemble des quotidiens francophones.

De telles constatations étonnent, affligent ou scandalisent peut-être, mais elles s'expliquent aisément quand nous savons que la culture, depuis la conquête britannique de 1760, s'est transmise essentiellement par les voies de l'oral et du visuel. Nous avons en effet connu ici l'une des rares régressions culturelles de l'histoire qui nous a fait passer d'un état où, selon le témoignage de Pehr Kalm, naturaliste suédois qui parcourait la vallée du Saint-Laurent en 1749, «la plupart des habitants du Canada, hommes et femmes, peuvent lire un texte, mais aussi écrivent assez bien[2]», à un autre où, moins d'un siècle après, la *déclaration des croix*[3]

1. Michel Vastel, «On demande des lecteurs», *Antennes*, revue québécoise des communications, no 7, 3e trimestre, 1977.

2. *Voyage de Pehr Kalm au Canada en 1749*. Traduction annotée du journal de route par Jacques Rousseau et Guy Béthune avec le concours de Pierre Morisset, Montréal, Pierre Tisseyre, 1977, p. 540.

3. Requête signée contre le régime Dalhousie en 1827. Citée dans André Labarrère-Paulé, *Les instituteurs laïques au Canada français, 1836-1900*, Québec, Les Presses de l'université Laval, 1965, p. 9.

pouvait afficher précisément 78 000 croix sur les 87 000 signatures qu'elle contenait. Mais plus rien ne justifie la situation présente, pas même l'histoire. Le Québec s'est rapidement transformé et le taux de scolarisation de sa population est maintenant comparable à celui des grands pays industrialisés. Comment alors contrer cette tendance à la désaffection de l'écrit? Les solutions doivent paradoxalement être cherchées du côté du visuel ou de l'oral, car ce sont les grands moyens de communication de notre temps. N'aurions-nous été qu'effleurés par la culture écrite, passant ainsi subrepticement d'une culture audio-visuelle dans la société traditionnelle à la nouvelle culture audio-visuelle de la société technocratique? Si tel est le cas, il est impérieux que les instruments de communication de masse agissent comme des miroirs. C'est en tous cas dans cette visée que se situe la collection «Iconographie de la vie québécoise», qui s'adresse à tous les Québécois qui veulent se regarder.

Quel est l'intérêt du document artistique dans l'étude d'une culture? Ainsi formulée la question est déjà ancienne. Il revient principalement à Erwin Panofsky, professeur à l'Université de Hambourg de 1921 à 1933, puis à l'Institute for Advanced Studies de Princeton, d'avoir développé l'iconologie ou l'iconographie comme méthode de lecture de l'oeuvre d'art en partant de son contenu. Appliquant sa méthode principalement à l'art et aux artistes de la Renaissance, Panofsky prétendait interpréter l'oeuvre avec ses significations, primaires et secondaires, comme le symptôme d'une attitude fondamentale de l'esprit humain, caractéristique pour un milieu, un moment, une civilisation, ou bien pour un artiste. Décrite dans l'introduction à ses *Essais d'iconologie*[4], la méthode eut un succès retentissant. Elle semblait pouvoir affranchir l'histoire de l'art du modeste rôle qu'elle s'était jusqu'alors donné, c'est-à-dire d'inventorier les oeuvres, d'établir la biographie des artistes, d'attribuer et de dater les oeuvres sur des indices extérieurs, enfin de restituer par l'étude des textes la manière dont les oeuvres ont été vécues et comprises[5]. Elle le fit dans une très large mesure, mais le projet était ambitieux et on constate aujourd'hui que les principales applications de la méthode se sont volontairement limitées à ce que Panofsky nommait «l'analyse iconographique», comme deuxième niveau d'interprétation des oeuvres, par rapport à un premier niveau de «description pré-iconographique» et un troisième et dernier niveau, l'«analyse iconologique», qui prétendait découvrir le sens interne des oeuvres comme symptômes d'une attitude fondamentale de l'esprit humain. L'objet de l'analyse iconographique réside dans la signification secondaire des oeuvres, «le sujet de convention qui constitue l'univers des images, histoires et allégories[6]». Pour effectuer l'analyse iconographique, disait Panofsky, il faut disposer d'une connaissance des sources littéraires, connaître des thèmes et concepts spécifiques et tenir compte «de la manière dont les thèmes et les concepts spécifiques étaient exprimés par les objets et les événements selon les conditions historiques[7]». C'est à ce niveau d'interprétation que se limitent aujourd'hui les spécialistes de l'iconographie,

4. Erwin Panofsky, *Essais d'iconologie. Les thèmes humanistes dans l'art de la Renaissance*, traduits par Claude Herbette et Bernard Tesseydre, Paris, Gallimard, 1967. Les *Essais* parurent originellement en 1939 sous le titre de *Studies in Iconology*.

5. Henri Zerner, «L'art», Jacques Le Goff et Pierre Nora (éd.), *Faire de l'histoire: nouvelles approches*, Paris, Gallimard, 1974, p. 183s.

6. Panofsky, p. 18.

7. *Ibid.*

abandonnant plus ou moins à la sémiologie la tâche antérieurement confiée à l'iconologie.

Effectuer l'analyse iconographique de la documentation artistique du Québec constitue l'objet de la présente collection. Si l'art est un langage, un système de communication non verbal, l'oeuvre est constituée d'éléments qui sont autant de signes secondaires qu'il faut arriver à décoder pour en expliciter le message. «Le témoignage de l'iconographie ne peut donc pas être considéré comme un document direct[8]». C'est la raison pour laquelle les ouvrages qui paraîtront ici auront comme trait commun d'allier étroitement les sources iconographiques et littéraires, voire orales ou figurées, de manière à ce que les unes s'appuient sur les autres comme des témoignages distincts mais toujours complémentaires sur la connaissance de la vie quotidienne. Une autre caractéristique commune consistera, dans le prolongement du constat de Galienne Francastel, et comme on peut déjà le voir à propos d'Edmond-J. Massicotte, à critiquer les documents d'apparence «photographique» produits par les illustrateurs de la vie québécoise en interrogeant la position, les intentions, les choix et les méthodes des artistes, le contexte social, culturel et idéologique dans lequel ils baignent, les goûts et les réseaux de la clientèle, sans oublier la «volonté artistique» elle-même, cette tendance, toujours la même selon Panofsky, qui s'exprime dans la conception et dans le choix des éléments figuratifs.

Le premier ouvrage de la collection est consacré à Edmond-J. Massicotte, illustrateur des traditions po-

8. Propos tenus par Galienne Francastel à l'occasion d'un colloque consacré à l'oeuvre et à l'influence de son mari décédé en 1970. *La Sociologie de l'art et sa vocation interdisciplinaire: l'oeuvre et l'influence de Pierre Francastel*, Paris, Denoël / Gonthier, 1976, p. 79.

12

pulaires. Qui parmi nous ne connaît pas Massicotte? Une partie de son oeuvre tient aujourd'hui du cliché, à tel point que tout observateur à l'esprit un peu critique est justifié de se demander jusqu'à quel point l'image que nous nous faisons de notre passé collectif n'a pas été précisément fabriquée par ce faiseur d'images qu'était Massicotte. A cette question fondamentale de la position que tenait l'artiste par rapport à son objet, Bernard Genest apporte une réponse qui n'admet plus d'équivoque, et c'est peut-être là le plus grand mérite de ce livre: Massicotte prétendait «faire du document» et soumettait à cet objectif le moyen le plus approprié, c'est-à-dire le croquis sur le vif. Massicotte fut à sa manière un ethnographe qui pratiquait l'enquête directe, sur le terrain, muni de ses carnets. Faut-il en conclure que nous pouvons utiliser ses dessins comme des documents directs sur la vie des Québécois à la fin du siècle dernier et au début du siècle présent? Plus que tout autre artiste du terroir, Massicotte fut un documentaliste, mais jamais un photographe. Pourquoi la partie significative de son oeuvre est-elle axée autour de la vie agricole? N'y avait-il pas de villes et de vie urbaine à cette époque? Pourquoi cette oeuvre est-elle imprégnée d'un très vif sentiment religieux, qui laisse croire peut-être à une parfaite homogénéité du Québec d'alors? Il y avait pourtant des tendances idéologiques diverses qui s'opposaient. Bernard Genest conclut ici que «les scènes de la vie traditionnelle que Massicotte a illustrées sont toujours empreintes d'un fort sentiment religieux et patriotique, et elles sont un témoignage de l'attachement profond de leur auteur pour ces valeurs».

Je m'en voudrais, en terminant ces propos un peu secs, de ne pas rendre hommage à Bernard Genest pour le courage dont il a certainement fait preuve en s'attaquant à un tel sujet, de même que pour la manière intelligente avec laquelle il l'a traité. Massicotte avait ses défenseurs, mais aussi ses détracteurs. Il reste à souhaiter que ce livre redonne à l'oeuvre de Massicotte la place qu'elle mérite comme reflet authentique de la culture traditionnelle des Québécois.

Jean Simard,
Centre d'études sur la langue, les arts
et les traditions populaires,
Université Laval

Avant-propos

A l'automne de 1972, je fus amené, en qualité d'auxiliaire de recherche du professeur Jean Simard, à m'intéresser d'une façon particulière à l'iconographie de la vie populaire québécoise. Ce domaine était nouveau pour moi. C'est avec enthousiasme que je découvris tout l'intérêt que pouvait présenter le document iconographique, et que je décidai d'y choisir un sujet à traiter pour l'obtention d'une maîtrise en arts et traditions populaires.

L'iconographie de la vie populaire québécoise n'avait cependant fait l'objet d'aucune étude sérieuse. Seul le professeur Simard avait abordé ce domaine négligé, dans un cours intitulé *Iconographie de la vie populaire*, donné au département d'histoire de l'Université Laval pour la première fois en 1972. Après un bref rappel des origines de l'iconographie, Jean Simard faisait découvrir à ses étudiants l'intérêt de cette source et en démontrait la valeur, en la comparant aux sources écrites et orales.

L'utilisation trop récente du document iconographique peut s'expliquer par l'opinion — assez répandue chez certains chercheurs, historiens ou ethnologues — que nos artistes, peintres, graveurs ou dessinateurs, ont le plus souvent puisé dans leurs souvenirs nostalgiques les sujets inspirés de la vie populaire, donnant ainsi une allure romantique et sentimentale à leurs compositions. C'était notamment l'avis de l'historien d'art Gérard Morisset à propos de l'oeuvre d'Edmond-J. Massicotte.

Dans le but de réévaluer cette sorte de jugements, j'entrepris de dépouiller de façon systématique les journaux, revues, almanachs, romans, recueils de contes et de légendes que Massicotte pouvait avoir illustré entre 1892 et 1929, années qui correspondent à sa période de production. Cet inventaire m'apprit que l'oeuvre de l'artiste était beaucoup plus vaste que je ne l'avais d'abord soupçonné et que l'étude des thèmes folkloriques était chez lui l'aboutissement d'un long cheminement. Les quelque mille dessins relevés au cours de cette première étape de ma recherche devaient former la base de ma documentation. Plus j'avançais dans mes recherches, plus le témoignage de Massicotte m'apparaissait précieux. La question de la valeur du témoignage allait donc devenir une de mes principales préoccupations. Je compris que mon travail devait confirmer ou réfuter, avec toutes les nuances nécessaires, bien sûr, le jugement hâtif de Morisset.

La seconde étape fut celle de l'analyse. Après avoir regroupé les principaux thèmes exploités par Massicotte autour d'axes fondamentaux, mon analyse a suivi le cycle des saisons. Cette analyse porte sur le style et la technique du dessinateur, les sujets traités et la manière de les traiter, de même que sur l'accord plus ou moins parfait entre la main et la pensée. Le but était enfin de cerner cette pensée et de dégager la part d'originalité qui revient à Massicotte, afin de mieux comprendre la valeur réelle de son oeuvre sur le plan ethnographique.

Il me faut tout d'abord remercier, d'une façon toute spéciale, le professeur Jean Simard, de l'université Laval, dont les encouragements et les judicieux conseils m'ont toujours stimulé dans la poursuite de mes recherches, et sans l'aide de qui la réalisation de cet ouvrage n'aurait sans doute pas été possible.

Mes remerciements s'adressent aussi à mon collègue et ami René Bouchard, ethnologue, pour sa précieuse assistance lors de la révision de mon texte au moment de la publication, à mesdemoiselles Michèle Cloutier et Lise Jobin, toutes deux secrétaires, qui à des moments différents mais toujours critiques ont maintes fois prêté leur concours pendant la rédaction et à monsieur Michel Lessard, qui m'a fourni les négatifs de plusieurs illustrations.

Je ne peux passer sous silence, non plus, le nom du directeur de l'Inventaire des biens culturels, monsieur Michel Cauchon, et l'apport de madame Diane Caron, étudiante à l'Université Laval.

B.G.

1 La carrière

Né à Montréal le 1er décembre 1875, Edmond-Joseph Massicotte est le fils d'Édouard Massicotte et d'Adèle Bertrand. Du côté paternel, il descend d'une famille dont l'ancêtre vécut à Sainte-Geneviève de Batiscan dès le 17e siècle. Par sa mère, il se rattache à une famille établie dans la région des Deux-Montagnes. Son frère, Édouard-Zotique Massicotte, est connu comme archiviste et folkloriste. Leur père aurait servi dans la milice canadienne avec Benjamin Sulte durant les débuts de l'invasion des Fenians, puis serait venu se fixer à Montréal à l'automne de 1865. Sept ans plus tard, il aurait ouvert dans le quartier Sainte-Cunégonde un magasin de chaussures et c'est dans ce magasin, devenu le lieu de rendez-vous d'un groupe de rentiers qui avaient beaucoup «voyagé», qu'Edmond-Joseph aurait acquis le goût des choses du terroir en écoutant les souvenirs et les récits merveilleux des vieillards.

Très tôt, le jeune Massicotte aurait manifesté du goût pour le dessin. Au collège de Sainte-Cunégonde, où il avait entrepris des études en commerce, ses professeurs auraient remarqué ses aptitudes pour le dessin et l'auraient encouragé à s'inscrire à l'École des arts et manufactures où il demeura trois ans. Ensuite, sur les conseils de son professeur, Edmond Dyonnet, il aurait poursuivi ses études à la Galerie des arts, sous la direction de William Brymner. Dès lors, il entreprendra une carrière d'illustrateur qu'il poursuivra jusqu'à sa mort, survenue au Sault-au-Récollet, le 1er mars 1929. Un article paru dans *La Presse* du 2 mars relate ainsi l'événement:

> Edmond-J. Massicotte, l'un de nos meilleurs artistes canadiens, vient de mourir à l'âge de 53 ans, étant né le 1er décembre 1875. Le décès est survenu hier soir, à la demeure du défunt, au Sault-au-Récollet et il causera une certaine surprise pour plusieurs qui le croyaient mieux. On sait, en effet, que ce distingué interprète de la vie canadienne avait été frappé de paralysie, en juin dernier, mais il était pratiquement rétabli puisqu'il s'était remis à l'oeuvre (...) mercredi le mal terrassa de nouveau et définitivement, cette fois, enlevant au Canada français un artiste très apprécié.
>
> La mémoire de M. Massicotte se perpétuera surtout par l'admirable collection de tableaux représentant diverses scènes de la vie rurale canadienne-française. Chaque année l'artiste nous annonçait avec émotion une coutume ou une tradition de chez nous. L'ensemble de ces oeuvres forme une magnifique histoire illustrée de notre race. Rappelons que M. Massicotte se forma à l'école d'Henri Julien.
>
> M. Massicotte laisse dans le deuil son épouse, née Aldine Émond, et une fille, Cécile. Il était aussi le frère de M. É.-Z. Massicotte, conservateur des Archives de Montréal.

Massicotte
à l'époque de sa
maturité.

Près de cinquante ans après la mort de Massicotte et avec le recul des années, on peut se demander si cette image que donne *La Presse* de l'artiste est juste, partielle, ou à revoir, et si l'intérêt que présente son oeuvre pour la connaissance des traditions populaires canadiennes-françaises est bien réel.

Pour la plupart des gens, Edmond-J. Massicotte est celui qui sut si bien représenter, en une série de grands tableaux, des scènes de la vie canadienne: *Le mardi gras à la campagne, La bénédiction du jour de l'An, Le réveillon de Noël, La visite de la quête de l'Enfant-Jésus, Une veillée d'autrefois, Le Saint-Viatique à la campagne, Une épluchette de blé-d'inde, Les sucres, Le retour de la messe de Minuit, La fournée du bon vieux temps, L'Angélus, Une noce d'autrefois.* En 1923, ces tableaux furent réunis en un album, *Nos Canadiens d'autrefois,* et largement diffusés dans les écoles et les collèges de la province où ils ornèrent corridors et salles de cours. Ils ont valu à Massicotte le renom qu'on lui connaît, mais ils ont incontestablement contribué à faire oublier qu'il est aussi l'auteur de plusieurs centaines de dessins qui ont illustré les journaux et les almanachs du Québec pendant quarante ans.

La carrière de Massicotte comprend au moins deux volets importants: l'oeuvre journalistique composée de croquis de faits divers, d'illustrations de romans publiés en feuilleton, de portraits d'hommes célèbres ou de personnages historiques, de croquis de «théâtre instantané», de dessins humoristiques et de caricatures, et l'oeuvre folklorique, c'est-à-dire l'exploitation des thèmes du terroir.

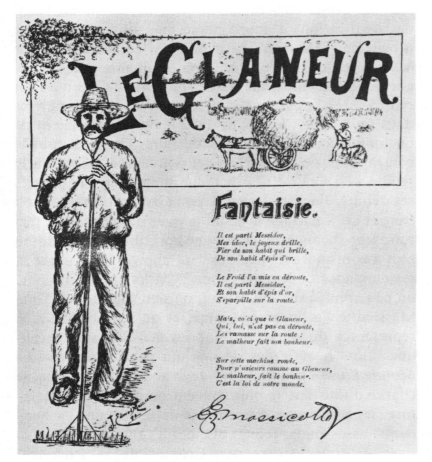

Le Glaneur,
Le Monde illustré,
15 octobre 1892.

Les premiers dessins de Massicotte sont pour *Le Monde illustré*, un hebdomadaire de Montréal dont son frère, Édouard-Z., prendra la direction vers 1899. C'est par un petit dessin intitulé *Le Glaneur* qu'il collabore pour la première fois à ce journal. Il n'a alors que dix-sept ans. Cette illustration d'un poème de son frère est, à notre connaissance, le premier dessin publié par l'artiste. Assez curieusement, ce petit croquis est lourd de signification; d'abord parce que, du premier coup d'oeil, on y reconnaît la manière si caractéristique de Massicotte, ce qui constitue son originalité et le distingue des autres illustrateurs de son temps. Cela n'aurait rien de très remarquable si ses autres dessins publiés dans *Le Monde illustré*, de 1892 à 1903, rappelaient de quelque façon cette manière de faire. Or, c'est tout le contraire, et pourtant c'est cette première façon qui le rendra célèbre. Le dessin nous montre aussi que, dès ses débuts, l'artiste travaille en collaboration avec son frère et qu'il partage avec lui le goût des choses du terroir; leur thématique commune contribuera sans doute plus à confondre les deux frères l'un avec l'autre que la ressemblance de leurs prénoms. Cet habitant au repos, un peu appuyé sur son râteau, on sent tout de suite que Massicotte l'a observé et aimé, et qu'il a cherché à le représenter du mieux qu'il pouvait. Comment expliquer alors le style des dessins qui paraîtront dans *Le Monde illustré* pendant près de onze ans? Le journal le charge d'illustrer, le plus souvent pour la page couverture, les principaux événements de la semaine — accidents, assassinats, feux, vols, défilés ou activités sportives — sous le titre de «Croquis de la semaine». Massicotte fait donc parvenir chaque semaine à la direction du journal une dizaine de petits dessins, dont la valeur artistique est pour le moins discutable et la valeur documentaire nulle. En les regardant, on a net-

*Croquis
de la semaine,
Le Monde illustré,
8 septembre 1894.*

tement l'impression que le dessinateur n'a assisté ou participé à aucun des événements qu'il décrit, et que son interprétation de l'actualité est fantaisiste.

Massicotte a illustré, pour le même journal, de nombreux romans feuilletons. Il ne s'agit peut-être pas là de ses meilleurs dessins, mais cette partie de son oeuvre est à souligner pour son abondance. Elle comprend plus de deux cent trente dessins illustrant les histoires de Joseph-Pierre Bédard, Henriette Bézançon, Alphonse de Calonne, Eugène Dick, Charles-Marie-Prosper Ducharme, Louis Fréchette, Jules Lanos, Wilfrid Larose, John Talon Lespérance, Édouard-Z. Massicotte, Eugène Moisan, Firmin Picard, Régis Roy et Paul Rouget. On a souvent parlé de Massicotte comme d'un illustrateur de romans du terroir, ce qui n'est pas vraiment exact. Lorsque l'abbé Desrochers écrit qu'il «illustra quantité de volumes du terroir», il songe sans doute aux nombreux contes et aux nombreuses nouvelles publiés dans *Le Monde illustré*, où l'imagination de l'artiste a plus ou moins bien concrétisé les récits «canadiens» des littérateurs de l'époque. Ces histoires d'amour et d'aventures que le journal présente comme des «romans canadiens» n'ont le plus souvent rien à voir avec le genre romanesque et ne sont «canadiens» que par le titre et le lieu où elles se déroulent.

Dans une réclame parue dans *Le Monde illustré* du 11 août 1894, Massicotte se présente comme «portraitiste et dessinateur de tous genres». On peut se demander quelle clientèle il cherchait à joindre par ce moyen.

Espérait-il vraiment trouver une source supplémentaire de revenus en faisant du portrait? En tout cas, il était prêt à faire de l'art strictement commercial puisqu'il s'affichait comme «dessinateur de tous genres». A cette époque, Massicotte est encore au tout début de sa carrière et il a tout à gagner à étendre ses activités en dehors du seul journal qui, jusque-là, a retenu ses services. Non satisfait de cette première annonce publicitaire, il en fera passer d'autres dans le journal à intervalles plus ou moins réguliers.

C'est probablement à l'occasion de la parution du volume écrit par son frère sur la paroisse Sainte-Cunégonde de Montréal qu'il exécute l'un de ses premiers portraits. Cette vignette, parue dans *Le Monde illustré* du 19 mai 1894, représentait les deux frères Massicotte et accompagnait la critique de Joseph Genest du livre d'Édouard-Z. D'autres portraits suivront: celui de G.-M. Pullman, du Général N.-A. Miles, de Charles Beauchesne, sans parler de la série de portraits de personnages historiques publiés sous la rubrique «Notre Galerie Nationale». A propos de cette série, la direction du *Monde illustré* écrivait:

La publication de nos portraits historiques ayant reçu l'approbation du public, nous allons tâcher de rendre cette galerie aussi complète que possible, et nous avons l'espoir qu'elle deviendra un véritable monument élevé à la gloire de notre nationalité. Le choix judicieux des portraits, leur apparence artistique, leur grandeur uniforme, la notice biographique qui les accompagne, tout en un mot concourt à en faire une galerie unique et précieuse que tous les Canadiens-français, tous les patriotes devraient encourager en la recommandant.

Qui retrouve-t-on dans cette galerie? Sir Wilfrid Laurier, L.-J. Papineau, Jeanne Mance, Mgr Louis-François Laflèche, Faucher de Saint-Maurice, Samuel de Champlain, George-Étienne Cartier, Marie-Madeleine de Verchères, Alphonse Lusignan, le marquis de Montcalm, Honoré Mercier, Antoine Gérin-Lajoie, Oscar Dunn, Joseph-Adolphe Chapleau, l'abbé Léon Provencher, François-Xavier Trudel, Frantz Jéhim-Prume, l'abbé Jean-Baptiste Antoine Ferland, Dominique Ducharme, François-Xavier Garneau, Octave Crémazie et quelques autres. La publicité faite par le journal autour de ces portraits parle d'elle-même: on compte sur le sens patriotique et nationaliste des lecteurs pour augmenter le tirage du journal. On cherche à rejoindre le public en flattant son orgueil national et on lui propose par la même occasion des modèles sortis tout droit des pages de manuels d'histoire ou choisis parmi les personnalités politiques et artistiques les plus en vue. Plusieurs de ces portraits nous sont familiers parce qu'ils ont été repris dans d'autres journaux de l'époque, dont *Le Passe-Temps*, mais surtout parce qu'ils illustreront en 1947 le petit *Manuel d'histoire du Canada* des Frères des écoles chrétiennes.

Il faut aussi mentionner, dans ce genre, ses portraits de conteurs canadiens-français: Aubert de Gaspé fils, Alphonse Poitras, Philippe-Aubert de Gaspé père, Faucher de Saint-Maurice, Benjamin Sulte, P.-J.-O. Chauveau, Charles-Marie Ducharme, Louis Fréchette,

GALERIE NATIONALE

Publié par Le Monde Illustré   Dessin de Edmond-J. Massicotte

Samuel de Champlain

Né en 1567 à Brouage, France. Mort à Québec en 1635. Fonda Québec en 1608. Gouverneur général du pays en 1633. Mérita d'être appelé le père de la Nouvelle-Fra...

Le Monde illustré,
25 août 1900.

Honoré Beaugrand, Françoise Morin, Wilfrid Larose, Louvigny de Montigny, Pamphile Lemay, Ernest Choquette, dessinés pour les recueils de contes préparés par Édouard-Z. Massicotte à partir de 1902. Gérard Morisset fait la remarque suivante à propos de ces dessins: «Quelques-uns sont franchement mauvais; d'autres, Louis Fréchette, entr'autres, sont vivants». Quel que soit le succès obtenu, le portrait est un genre que Massicotte a beaucoup pratiqué et qu'il semble avoir aimé, sans doute parce que les sujets qu'on lui proposait lui convenaient. Peut-être était-il lui-même le premier à mordre à l'appât du sentiment patriotique que le journal cherchait à exploiter?

A partir du 19 avril 1902, *Le Monde illustré* change son nom pour celui d'*Album universel*. Massicotte n'y collabore plus d'une façon aussi régulière. Le 30 mars 1901, à l'occasion de Pâques, il s'était essayé à un genre tout à fait nouveau en présentant en page couverture un dessin à la plume d'inspiration Art Nouveau. Cet effort de renouvellement n'a pas suffi, semble-t-il, pour lui assurer des commandes par la suite.

Le numéro du 8 mars 1900 du *Passe-Temps*, dans une chronique intitulée «Silhouettes artistiques», consacrait quelques lignes à la carrière d'Edmond-J. Massicotte et faisait allusion aux flatteuses appréciations que lui avaient values ses croquis de «théâtre instantané». L'expression décrit assez bien la forme que

Croquis.
Calepins d'Edmond-J. Massicotte.
Musée du Québec.

Page couverture.
Le Monde illustré,
30 mars 1901.

"La Grammaire" au Monument National 2 Fév. 1899

*Croquis de «théâtre instantané».
Calepins d'Edmond-J. Massicotte.
Musée du Québec.*

prend la collaboration de Massicotte au *Passe-Temps* à cette époque. Il s'agit en fait de petits dessins croqués sur le vif lors de spectacles, souvent burlesques, à l'Eldorado-Concert, au Monument National, aux Variétés, ou encore au théâtre Grand Central. Sa collaboration au *Passe-Temps* fut régulière, mais jamais abondante. Au début, Massicotte n'est pas seul à présenter ses dessins au journal. Parmi les illustrateurs qui collaborent au *Passe-Temps*, on compte A.-S. Brodeur, Raoul Barré, F. Sauvé et Napoléon Savard, à qui on semble confier, du moins pour l'année 1897, les pages couvertures. Quant à Massicotte, il fournira des dessins jusque vers 1910 alors qu'il sera remplacé par J.-E. Bélair. Dès 1902 cependant, il avait abandonné le croquis instantané pour des dessins d'un style plus personnel, sur des thèmes folkloriques. On retrouve dans cette série de «types canadiens» quelques sujets qu'il avait occasionnellement traités dans *Le Monde illustré*: un vieux Canadien, une fileuse, un faucheur, un conteur.

Dans *Le Monde illustré* du 19 mai 1894, Edmond-J. Massicotte présente un petit dessin humoristique qu'il intitule *Théorie de l'évolution*. Un autre, portant le

Théorie de l'évolution,
Le Monde illustré,
19 mai 1894.

même titre, paraît le 28 juillet de la même année. Dans le premier dessin, un homme dont les vêtements sont en haillons, marche. En cinq temps consécutifs, il doit subir une métamorphose qui le fait passer de son état d'homme à l'état de diable. En vérité le passage d'un état à l'autre n'est pas senti et le dessin, même si la légende aide à la compréhension, ne provoque aucunement le rire. Le deuxième dessin n'est guère plus réussi. Il s'agit cette fois d'une femme, assise sur un banc, qui se transforme en... canon! Le résultat est déplorable. Pourquoi Massicotte aborde-t-il ce genre qui lui convient si mal? Est-ce pour chercher à imiter Henri Julien, dont le dessin est souvent humoristique? Croit-il réellement s'être découvert un nouveau talent? On pourrait le penser puisque, le 19 février 1898, il inaugure sa propre «galerie des hommes illustres en caricatures» dans *Le Monde illustré*. Il choisit pour première victime un personnage que Julien a lui-même privilégié: Sir Wilfrid Laurier. L'attaque n'est ni virulente ni méchante. D'ailleurs, ni l'auteur ni la direction du journal n'ont d'intention politique et ils l'expliquent eux-mêmes:

> Nous commençons aujourd'hui la série de portraits dessinés par notre jeune artiste canadien, M. Edm. J. Massicotte, ainsi que nous l'avions annoncé la semaine dernière. Nous espérons que ce genre, mis en vogue par nos confrères d'Europe et de New York, et sans aucune allusion politique, plaira à nos lecteurs et que nos grands hommes nous pardonneront de les traiter un peu mal — mais non pas de les maltraiter.

GALERIE DE NOS HOMMES ILLUSTRES EN CARICATURES

PAR EDMOND-J. MASSICOTTE

SIR WILFRID LAURIER

Sir Wilfrid Laurier,
Le Monde illustré,
19 février 1898.

Nous en connaissons, en Europe, qui commandaient eux-mêmes, pour leurs familles et leurs amis, des tirés à part de plusieurs centaines d'exemplaires; ce qui faisaient la joie de tous, y compris l'éditeur, comme bien vous pensez!

Verrons-nous ce beau temps ici?...

Après quelques tentatives, sans doute considérées comme infructueuses, *Le Monde illustré* mettra fin à cette expérience. Pourtant les lecteurs de l'époque étaient friands de ce genre qui a fait le succès de bien d'autres artistes.

Massicotte s'était attaqué à la satire politique deux ans plus tôt, dans *Le Canard*, un hebdomadaire humoristique illustré, auquel il avait fourni, de 1896 à 1898, des dessins qui paraissaient le plus souvent en page couverture, accompagnés de très longues légendes — nécessaires, semble-t-il, à la compréhension du lecteur.

Les querelles des hommes publics et les grandes polémiques ne semblent pas l'avoir passionné et, contrairement à Henri Julien qui décrivait la scène à partir du coeur même de l'arène politique, Massicotte observait de loin une situation qu'il comprenait mal. Contrairement aussi à Julien, il ne savait pas toujours percevoir le petit travers, l'attitude ou le geste qui provoque le rire.

Le tournant décisif: l'oeuvre folklorique (1909-1929)

L'année 1909 est une année charnière dans la carrière de Massicotte. Henri Julien, qui réalisait toutes les illustrations pour l'*Almanach du peuple* de la librairie Beauchemin, vient de mourir et les éditeurs se cherchent un dessinateur capable de prendre la relève tout en assurant une certaine continuité par le style et les thèmes. Qui d'autre que Massicotte, dont l'esprit et la manière se rapprochent tellement de Julien quand il s'agit de sujets du terroir, pouvait mieux convenir à ce poste? Dès lors, il pourra s'affirmer dans une voie qu'il a toujours souhaité faire sienne; il s'agit donc pour lui d'un nouveau départ qui marque le début de son oeuvre folklorique. Jusque-là incohérente, sa production sera désormais remarquablement centrée sur un objectif précis. Édouard-Z. Massicotte joue également un rôle dans cette vocation du dessinateur. Lui-même est un collaborateur de l'*Almanach du peuple* et les articles qu'il y fait paraître sont presque toujours orientés vers le folklore. On imagine facilement la relation étroite qui s'ensuivit. En fait, en étudiant l'oeuvre folklorique de Massicotte, on ne doit pas oublier le rôle qu'a joué son frère dans l'élaboration de cette oeuvre. Nous aurons l'occasion de revenir sur ce sujet.

Pendant vingt ans, jusqu'à sa mort en somme, il fournira à l'*Almanach du peuple* des dessins qui illustreront parfois un conte, parfois une légende, ou encore les traditions populaires de l'«ancien temps». C'est aussi pour cette publication qu'il entreprendra de dessiner, au rythme d'une planche par année, la série de grands tableaux qui feront sa renommée. Cependant la librairie Beauchemin n'aura pas l'exclusivité de ses dessins. Toujours fidèle à sa vocation d'illustrateur de la vie populaire, Massicotte ne s'écartera plus de la voie qu'il s'est tracée, mais il offrira ses services à d'autres éditeurs. C'est ainsi qu'on le verra contribuer à l'*Almanach agricole et commercial* de J.-B. Rolland et fils, de 1916 à 1928, à l'*Almanach de l'action sociale catholique*, de 1918 à 1924, et à l'*Annuaire Granger pour la jeunesse*, entre 1926 et 1929. Les illustrations produites pendant ces années constituent l'objet principal de notre étude, aussi y reviendrons-nous constamment.

Tout en cherchant à satisfaire d'abord sa clientèle régulière, Massicotte collabore occasionnellement à diverses publications: récits littéraires, travaux scientifiques, manuels scolaires et journaux. Il collabore assez étroitement pendant un certain temps à *La voix nationale*, journal mensuel, organe des Missionnaires-Colonisateurs du Canada, où il exploite à outrance les thèmes de la colonisation et du sentiment patriotique et nationaliste.

Vers 1915, les Frères du Sacré-Coeur publièrent un petit manuel de composition française que Massicotte avait illustré. La plupart des dessins contenus dans cet ouvrage offrent peu d'intérêt, à l'exception de deux ou trois, peut-être, qui nous font voir des habitants dans un intérieur de maison rurale. Le *Manuel d'histoire du Canada* des Frères des écoles chrétiennes, publié à la même époque, n'est guère plus intéressant. Pour une bonne part, il s'agit de dessins qui n'étaient pas inédits. Ce livre a cependant connu une très large diffusion et, à ce titre, il mérite d'être souligné. Il faut aussi mentionner les *Cent fleurs de mon herbier* d'Édouard-Z., qu'il a abondamment illustré.

La littérature du terroir est pour Massicotte une occasion de faire ce qui lui plaît le plus. On en trouve des exemples dans les illustrations qu'il a exécutées pour les deuxième et quatrième concours littéraires de la Société Saint-Jean-Baptiste ou pour les *Récits lau-rentiens* du frère Marie-Victorin.

S'il a beaucoup illustré de contes et de nouvelles, il ne semble pas avoir illustré de romans, le seul exemple connu étant *A l'oeuvre et à l'épreuve* de Laure Conan. Publié en 1958, ce livre contient une quinzaine de dessins signés, datés de 1912 et 1913; ces dessins appartiennent au genre historique, mais leur valeur documentaire est faible et leur style plutôt mièvre.

On retrouvera bien encore, ici et là, dans diverses publications, des dessins de Massicotte. Mais, la plupart du temps, il s'agit d'illustrations puisées dans des ouvrages parus antérieurement. Il ne se passe pas une année sans que des journaux, des revues, des volumes traitant de la vie traditionnelle, n'empruntent quelques croquis à l'immense production de l'artiste, particulièrement pendant la période des fêtes. Ainsi, en décembre 1973, on pouvait se procurer des cartes de Noël éditées par la maison Garneau Ltée, représentant quelques-unes des scènes de l'album de 1923.

2 La recherche de la vérité

Massicotte n'est certainement pas le premier artiste à prendre le milieu paysan pour source d'inspiration. Bien avant lui, Cornelius Krieghoff et Henri Julien avaient largement exploité ce thème. D'après Gérard Morisset, Massicotte l'aurait «abâtardi». C'est là une opinion pour le moins discutable.

C'est Édouard-Z. Massicotte qui explique, dans *Le Monde illustré* du 4 janvier 1902, comment au centre de leur intérêt commun pour le folklore, se trouve un personnage qui leur aurait inculqué le goût des choses du terroir:

> Le souvenir du Père Charles Belleau est agréable à mon frère comme à moi. Il a illuminé notre enfance et notre première adolescence par ses récits merveilleux dont il avait une mine inépuisable. Québecquois de naissance, c'est-à-dire français dans l'âme, il avait beaucoup vu et beaucoup retenu, ayant été tour à tour marin, voyageur de chantier, charpentier de navire, employé de chemin de fer, que sais-je encore? Finalement il s'échoua à Montréal et c'est ici que nous le connûmes et que nous l'aimâmes.

Son imagination, son débit, son geste et sa verve, tout indiquait qu'il descendait en ligne directe de ces populaires conteurs qui firent les délices de nos pères.

Toujours gai, toujours chantant, toujours content, sa présence était recherchée par tous ceux qui goûtent les admirables histoires du peuple.

Comme c'est probablement à ce dernier représentant d'une génération disparue que nous devons notre amour de la chanson, de la légende et des moeurs canadiennes d'autrefois, il a semblé naturel de le placer dans cette galerie des types du pays que mon frère prépare à ses heures superflues.

C'est un témoignage de reconnaissance qui en vaut bien un autre.

Un portrait du conteur, signé Edmond-J. Massicotte accompagne le texte.

Ce ne serait donc pas par facilité ou par mimétisme servile qu'Edmond-J. Massicotte se serait lancé dans la représentation de scènes de la vie paysanne, mais par amour et nostalgie du passé. Que le genre ait été quasi usé au moment même où il s'y engagea, cela est bien possible. Mais nourrie par les histoires que se racontaient autrefois les vieux dans la boutique de son père et stimulée par les remarques de son frère, l'imagination de l'illustrateur était trop remplie par ces scènes de la vie populaire pour qu'il puisse résister à la tentation de croquer toutes ces images qui l'habitaient.

Gérard Morisset parle à propos de l'oeuvre de Massicotte d'«une sentimentale vraisemblance historique». Il semble au contraire que l'artiste a toujours été

*Portrait du Père
Charles Belleau.
Carnets d'E.-J.
Massicotte.
Juillet 1907.*

Le père Belleau

Juillet 1907

préoccupé — du moins quand il s'agit de son oeuvre folklorique — par un souci de vérité. Un auteur anonyme écrivait dans *La Presse* du 18 juin 1921 que, très tôt, les deux frères «allèrent faire des séjours dans les campagnes où des filons nouveaux furent exploités, et de ce fond se firent jour leurs oeuvres si caractéristiques». En dépit du romantisme qui se dégage de ses tableaux, l'originalité de Massicotte provient pour une bonne part de cette constante recherche du document vrai. Dans une lettre adressée à Marius Barbeau, le 31 décembre 1942, Édouard-Z. insiste sur cet aspect:

> Edmond possédait la technique, il aurait pu faire et il l'a fait pour le démontrer des dessins à la Gibson, à la Julien et autres, mais il ne les a pas signés, car il voulait avoir un genre à lui et surtout il voulait faire du document.
>
> Si vous voyiez les calepins[1] dans lesquels il a croqué, sur le vif, les figures, les attitudes, les détails de moeurs et coutumes vous vous apercevriez qu'il aurait pu comme d'autres faire des tableaux aux lignes imprécises, à la mode du jour — pour quelques-uns.
>
> Il a voulu laisser une oeuvre particulière où tout serait vrai, sans cependant que ce soit de la photographie.

Le sculpteur Alfred Laliberté, ami des frères Massicotte, apporte un témoignage semblable:

> Massicotte visait l'exactitude du geste des coutumes qui pourraient servir de document plus tard. J'en ai vu plusieurs qui m'intéressent beaucoup.

1. Ces calepins, au nombre de dix-sept, ont longtemps été conservés dans la famille de l'artiste, mais ils ont récemment été cédés au Musée du Québec. Les abondants croquis qui couvrent les quelque mille cinq cent quatre-vingt-six pages qui les constituent démontrent, en dehors de tout doute, que l'artiste puisait dans la réalité et au moyen de l'observation directe les sources de son inspiration. Souvent identifiés, localisés et datés, des milliers de petits croquis témoignent des nombreuses excursions sur le terrain que l'auteur a faites entre 1899 et 1926 (dates limites inscrites dans les cahiers) et, d'autre part, du grand talent de l'artiste. L'exécution est souvent remarquable: spontanéité, vivacité, finesse du tracé, justesse du rendu. L'ébauche serait dans bien des cas beaucoup plus séduisante que le dessin fini. Ses détracteurs n'ont jamais vu ces petits carnets, et c'est avec raison que Édouard-Zotique les rappelait à Marius Barbeau pour évoquer l'habileté de son frère.

Portrait du père Charles Belleau.
Calepins d'Edmond-J. Massicotte.
31 décembre 1899. Musée du Québec.

Portrait du père Charles Belleau,
paru sous le titre
Un conteur d'aujourd'hui,
Le Monde illustré,
4 janvier 1902.

Croquis.
Calepins d'E.-J.
Massicotte.
Musée du Québec.

Croquis.
Calepins d'E.-J.
Massicotte.
Musée du Québec.

L'oeuvre de Laliberté est aussi faite de sujets «canadiens», et comme le suggère la dernière phrase de cette citation, il est bien possible que les dessins de Massicotte aient influencé le sculpteur dans le choix de ses sujets et dans sa manière de les interpréter.

L'article anonyme cité un peu plus haut présentait les tableaux de Massicotte en ces termes:

Ces dix compositions longuement élaborées, chacune ayant fait l'objet de minutieuses enquêtes, chacune ayant occasionné de nombreux déplacements, constituent à nos yeux un véritable *Musée National.*

Le choix des sujets; réjouissances ou occupations domestiques de l'habitant; le décor dans lequel ils sont traités; ameublement, détail de construction, paysages; enfin, les personnages qui y figurent, l'ensemble comme les moindres particularités, ont fait l'objet de patientes et minutieuses recherches. C'est en ce sens que Mgr Bruchési qualifiait cette collection d'évocatrice. «Le respect de la vérité historique, écrivait-il à M. Massicotte, ne nuit en rien à l'expression des sentiments intimes.»

Dans la présentation qu'il fait de l'album de 1923, Casimir Hébert abonde dans ce sens:

Massicotte est certes consciencieux: il n'est rien dans les compositions de cet album qu'il ait mis là de caprice ou d'imagination. Malgré sa mémoire prodigieuse des choses vues, il a tenu à contrôler tous les détails et dans ses excursions à la campagne à croquer d'après nature tout ce qu'il a cru devoir un jour servir à son oeuvre; quand il n'a

Le tressage de la paille,
Almanach du peuple,
1921.

Une canadienne tressant de
la paille — 20 Juillet 1906

Étude. Calepins d'Edmond-J.
Massicotte. Musée du Québec.

pas trouvé dans ses cartons le document qu'il voulait, il a consulté les anciens, les folkloristes, les musées, les bibliothèques et surtout son frère Édouard-Zotique, l'archiviste en chef du district de Montréal, un folkloriste aussi modeste que méritant, auteur de livres précieux pour notre histoire. De ces voyages, de ces consultations, notre artiste est revenu persuadé que ce qu'il avait dessiné était conforme, idéalement, à la chose qu'il voulait rendre.

Cette qualité d'observateur consciencieux qu'on s'accorde généralement à reconnaître à Massicotte dans l'exécution de ses dessins, découle pour une bonne part de la façon dont il les réalise. Sur le terrain, il utilisait un calepin qui lui permettait de croquer sur le vif certaines scènes qu'il reprenait ensuite en atelier. Ses compositions sont le fruit d'une longue réflexion et on y découvre tout de suite les indices d'une laborieuse exécution: première esquisse au crayon de plomb, reprise à la plume et souvent terminée au lavis. Certes, on ne retrouve pas chez Massicotte la spontanéité et le mouvement qu'Henri Julien réussissait à donner à chacun de ses dessins. Son académisme un peu monotone aurait été volontaire, cela pour mieux servir la vérité du sujet. Le souci des lignes, les lois de la perspective, l'absence des teintes vagues, des flous et des demi-tons, tout cela répondait chez lui à une exigence: faire du document. On devine que pour chacun de ses dessins, il a examiné, scruté jusque dans les détails les petites choses de la vie à la campagne: les vieilles chaises empaillées, le poêle à deux ponts, la table, l'horloge

Croquis. Calepins d'Edmond-J. Massicotte. Musée du Québec.

«grand-père», le rouet, le métier à tisser, le râteau de bois, la charrette à foin, la faucille, la hache, le godendard, tous ces objets qui symbolisent le terroir. Que son trait de plume soit vieillot et terne, c'est certain. Que son manque de spontanéité ait porté atteinte à la vérité morale, c'est possible. Mais qu'il s'agisse comme l'écrit Morisset d'«une sentimentale vraisemblance historique», c'est à voir. Il est juste que ses dessins dégagent un parfum d'un romantisme discutable. On pourrait sans doute lui reprocher d'avoir trop aimé le milieu paysan. Les récits merveilleux du père Belleau ont sans doute trop marqué l'enfance de Massicotte pour que, adulte, il puisse faire la part des choses entre la vie sans doute embellie et idéalisée par les souvenirs nostalgiques du vieillard, et la réalité parfois dure de la vie quotidienne. Sa vision personnelle de la vie à la campagne est peut-être édulcorée, mais on ne saurait conclure sans analyse serrée au manque de franchise.

Croquis. Calepins d'Edmond-J. Massicotte. Musée du Québec.

Dès 1933, dans un long article des *Cahiers franciscains*, le père Julien Déziel ouvrait le débat sur le problème de la vérité dans l'oeuvre de Massicotte. Plus prudent dans son jugement que Gérard Morisset, sa pensée est aussi plus nuancée. Il se demande si l'artiste n'a pas présenté des personnages «trop rustiques», «trop habitants», en précisant qu'une réponse catégorique serait «périlleuse» et qu'une «oeuvre intelligente ne se toise pas à si peu de frais». Il établit une comparaison entre le *Maria Chapdelaine* de Louis Hémon et les dessins de Massicotte et conclut que si «pour *Maria*

Chapdelaine, des études nombreuses ont déjà revendiqué, en partie du moins, sa juste part de beauté psychologique (...) l'oeuvre de Massicotte (...) n'est pas moins respectable». Alors que Gérard Morisset, qui ne semble pas avoir apprécié beaucoup le travail de Massicotte, l'accuse d'avoir été «pendant trente ans, l'as du bourgeois moyen», le père Déziel au contraire affirme que l'oeuvre s'adresse «aux simples de la classe de ceux qui l'ont inspirée». Si l'on considère la clientèle que les almanachs et les annuaires agricoles cherchaient à rejoindre, il faut bien donner raison au père Déziel, puisque c'est surtout ce type de publications qui véhiculaient les dessins de Massicotte. En fait le problème de la «vérité» que pose l'oeuvre de Massicotte repose sur une autre question tout aussi délicate, la question de la mentalité canadienne-française d'il y a près d'un siècle.

3 Les thèmes

Comme nous l'avons déjà souligné, l'oeuvre folklorique d'Edmond-Joseph Massicotte débute véritablement avec sa collaboration à l'*Almanach du peuple* de la librairie Beauchemin, après la mort d'Henri Julien, vers 1909.

Cette analyse de la thématique de Massicotte s'appuie sur un catalogue qui comprend plus de mille illustrations exécutées pour les différents almanachs auxquels il a participé: l'*Almanach du peuple*, l'*Almanach Rolland*, l'*Annuaire Granger pour la jeunesse* et l'*Almanach de l'action sociale catholique*. A cette production s'ajoutent les dessins qui ont servi à illustrer les ouvrages du Frère Marie-Victorin et les volumes des deuxième et quatrième concours littéraires de la Société Saint-Jean-Baptiste de Montréal.

Il faut aussi signaler une série de petits tableaux — accompagnés d'un texte explicatif — que publiait en 1923 l'*Almanach du peuple* sous le titre de «Nos traditions nationales» et à propos desquels les éditeurs crurent devoir expliquer que «nos coutumes, moeurs et traditions nous constituent une physionomie bien à part dans l'immense Dominion du Canada, et même, pourrions-nous ajouter, sur tout le continent américain». Et on ajoutait: «il y a là matière à des reconstitutions qui ont déjà tenté bien des artistes, et auxquelles c'est notre intention de donner tout le développement qu'elles méritent, en publiant pour chaque nouvelle année de l'Almanach, de nouveaux dessins illustrant de nouvelles scènes de la vie canadienne-française». L'idée n'étant pas nouvelle, c'est peut-être pour se justifier aux yeux du public qui éprouvait une impression de «déjà vu» que les éditions Beauchemin insistaient sur le fait que Massicotte allait donner à ses compositions «tout le développement nécessaire».

Le regroupement des illustrations autour des principaux thèmes de la vie populaire retenus par Massicotte permet de dégager quelques lignes de force. Tous ses dessins, ou presque, peuvent être inclus dans quelques grandes divisions où l'année ne serait qu'un vaste calendrier de la vie de l'homme. Ces divisions retracent les grands moments de la vie, depuis la naissance jusqu'à la mort, et nous renseignent sur la façon dont on célébrait les principales fêtes de l'année, sur les activités et le travail des hommes aux champs ou à la maison, sur les occupations et techniques domestiques, sur le folklore matériel et spirituel. Massicotte n'est pas un inventeur de thèmes. Dès que l'on tente de procéder à une certaine classification de ses dessins, il devient manifeste que son intérêt a principalement porté sur des sujets représentatifs de la vie d'autrefois à la campagne et que les mêmes sujets reviennent souvent, avec quelques variantes dans la composition. Et l'oeuvre se

Croquis. Calepins d'Edmond-J. Massicotte. Musée du Québec.

Croquis.
Calepins d'E-J.
Massicotte.
Musée du Québec.

développe toujours suivant le rythme des saisons. Ainsi les mois de décembre et janvier correspondent à l'époque des réjouissances, des repas de famille et des soirées du temps des fêtes; le mois de février au carnaval et au début du carême; les mois de mars et avril au «temps des sucres» et aux fêtes de Pâques; les mois de mai, juin, juillet, août et septembre aux travaux des champs; et enfin les mois d'octobre, novembre et décembre aux préparatifs de l'hiver. Par ailleurs, même si presque toujours l'oeuvre s'articule autour du calendrier, on ne saurait tenter de rattacher à une période précise de l'année, sans tomber dans l'arbitraire, certaines occupations domestiques ou certains moments de la vie, telle une naissance ou une mort.

Du berceau à la tombe

Massicotte n'a jamais vraiment illustré le thème de la naissance, mais il en a souvent suggéré l'idée par la représentation d'un berceau. C'est plutôt l'aspect religieux de l'événement qu'il a croqué, tel ce petit dessin à la plume intitulé *Le Baptême*, publié dans l'*Almanach du peuple* en 1927.

Il paraît assez évident que l'artiste voyait dans le sacrement de la première communion un moment important de la vie de l'enfant puisque, comme pour le baptême, il le fait entrer dans la série de «Nos traditions nationales». Massicotte a-t-il fait le lien entre la cérémonie religieuse et la notion de rite de passage qu'elle implique dans la mentalité populaire? Nous ne

Croquis.
Calepins d'E.-J.
Massicotte.
Musée du Québec.

Le baptême,
Almanach du peuple,
1928.

le croyons pas, l'image ne suggérant aucunement cette interprétation.

Dans un long article paru en 1925 dans l'*Almanach du peuple*, Edouard-Z. Massicotte décrivait avec beaucoup de détails une noce populaire. Afin d'obtenir un récit fidèle d'une «grosse noce», le folkloriste dit avoir interrogé des personnes âgées dont les souvenirs remontaient à la période 1850-1875. Le texte, comme c'est l'habitude dans les almanachs, est illustré. Assez curieusement cependant, ce n'est pas par Edmond-J. Les dessins ne sont pas signés — ce qu'il manquait

rarement de faire — et on n'y reconnaît pas sa manière. Le plus curieux c'est que, la même année, il publie dans l'*Almanach du peuple* six illustrations portant sur ce thème: *Les fréquentations d'autrefois, La demande en mariage, La grande demande, Le fricot, Le mariage, Le défilé de la noce, Le traditionnel portrait de noce.* En outre, deux ans plus tôt, en 1923, il avait présenté dans son album un tableau intitulé *Une noce d'autrefois.*

Édouard-Z. Massicotte aurait-il été insatisfait des dessins de son frère et de leur intérêt documentaire? On

La demande en mariage,
Almanach du peuple,
1925.

peut en douter, l'écrivain ayant toujours eu pour l'artiste une admiration indéfectible, si l'on se fie au témoignage qu'en a laissé Alfred Laliberté.

Même si les dessins anonymes qui illustrent le texte d'Édouard-Z. le font avec plus d'habileté et nous renseignent davantage que ceux d'Edmond-J., il est peu probable que l'explication de cette étrange «infidélité» se trouve dans l'hypothèse avancée plus haut.

Les fréquentations d'autrefois nous montre une veillée d'amoureux des temps jadis, alors que le garçon

EDMOND·J.MASSICOTTE

*La grande demande,
Almanach du peuple,
1925.*

venant voir sa «blonde» arrivait vers sept heures pour repartir vers neuf ou dix heures, un peu pressé par le père de la jeune fille.

La demande en mariage était faite à la jeune fille qu'on espérait épouser, alors que *La grande demande* était faite au père de la jeune fille. Dans son texte, Édouard-Z. distingue lui aussi la «Petite Demande» et la «Grande Demande», mais la première ne s'adressait pas à la jeune fille, comme dans le dessin de son frère, mais plutôt à la mère de celle-ci.

La fricot,
Almanach du peuple,
1925.

Dans un autre dessin, intitulé *Le fricot*, on peut voir deux femmes, la mère et la fille sans doute, préparant un repas de noce; la mère découpe des croquignoles avec un verre renversé, alors que sa fille enlève à l'aide d'un couteau le surplus de pâte qui déborde de l'assiette à tarte. Sur la table, un pâté d'alouettes et un gâteau attendent sans doute d'être placés dans le poêle à deux ponts, pendant que dans le four quelque dinde ou rôti cuit lentement. Ce sont en substance les mêmes plats que l'on retrouve dans le dessin non signé qui accompagne le texte d'Édouard Z.: croquignoles, gâteau et pâté encore fumant que les convives reluquent avec appétit.

EDMOND-J.MASSICOTTE

Le mariage montre la cérémonie comme telle, mais sans développement aucun. Après la célébration, la noce s'arrête devant la maison du père de la mariée pour le repas. Massicotte a traité deux fois ce sujet: une première fois en 1923 dans *Une noce d'autrefois*, et une seconde fois dans *Le défilé de la noce*, petit dessin faisant partie des huit illustrations publiées dans l'*Almanach du peuple* en 1925. Le premier tableau fournit plus d'indications concernant le moment de l'année, les costumes de mariage et l'ordre du défilé. Toute la composition de ce tableau nous indique que la scène se passe en été: les feuilles dans les arbres, les

Le traditionnel portrait de noce,
Almanach du peuple, 1925.

vêtements des personnages, la porte entr'ouverte de la maison. Les grands-parents et les jeunes enfants, sortant accueillir le défilé, sont dans leurs vêtements d'été. La mariée porte une robe de «mousseline à falbalas» et un chapeau assez élaboré retenu sous le menton par des attaches, alors que le marié a revêtu sa redingote des grands jours, comme son père et le père de la mariée. Pour l'occasion, pères et marié ont coiffé le chapeau de castor. La mère de la mariée a «revêtu sa robe de mérinos noir sur laquelle se détache la blancheur du tablier», précise Rodolphe Girard dans le texte de commentaire publié dans l'album de 1923. Le cortège est

Une noce d'autrefois, 1922.

Un charivari,
Almanach du peuple,
1928.

d'importance et s'étend jusqu'à l'horizon. En tête viennent les mariés, puis le père de la mariée et les parents
du marié dans le deuxième «boghei». Ensuite viennent
les invités de la noce: oncles, tantes, cousins et amis.

Le charivari décrit l'une des coutumes les plus
typiques des moeurs de nos ancêtres. Ce dessin, paru
en 1928 dans la série de «Nos traditions nationales»,
est particulièrement intéressant, non pas tant par la
qualité du croquis que par le sujet lui-même. La légende qui l'accompagne nous apprend que lorsque les âges
des conjoints étaient trop différents, ou que le mariage

était par trop intéressé, ou encore qu'un veuf ou une veuve manifestait une hâte un peu trop évidente de se remarier, les voisins du nouveau couple ne tardaient généralement pas à manifester leur désapprobation:

> Munis de tous les appareils les plus hétéroclites et susceptibles de faire entendre le plus de bruit possible, ils accourent sous les fenêtres des mariés, généralement dès le premier soir de leurs noces, et alors s'en donnent à coeur joie en menant un sabbat d'enfer avec leurs casseroles, cornets à bouquin, et autres ingrédients sonores et retentissants. Et cela dure souvent jusqu'aux petites heures de la nuit.

On trouve une autre description d'un charivari dans les *Anecdotes canadiennes* d'Édouard-Z. Massicotte, publiées en 1913. Ce texte rappelle étrangement celui qui accompagne le dessin d'Edmond-J. et la manière dont celui-ci a représenté cette coutume. Il est utile de citer ce passage pour bien établir le parallélisme:

> Un autre usage, quelquefois très déplaisant pour les uns, et fort amusant pour les autres, est encore en vigueur dans le Bas-Canada: c'est ce qu'on appelle le *charivari*. Quand un jeune homme épouse une veuve, ou un veuf une jeune fille, les habitants du quartier se réunissent, et armés de cornes de bélier, de vieilles chaudières, de trompettes d'étain et d'autres instruments de musique ou de guerre aussi bruyants, ils se dirigent vers la maison du nouveau couple, et demandent le paiement de

la taxe imposée par un antique usage. Le taux est fixé d'après l'état de fortune des parties qui doivent l'acquitter. Si on ne paie pas tout de suite, la maison est étroitement bloquée, et exposée pendant plusieurs heures à un feu continuel de brocards scandaleux.

Il est bien possible, et même probable, que ce texte, comme d'autres cités dans le même volume, ait inspiré le dessinateur.

Massicotte a illustré au moins trois fois le thème de la mort. Un tableau, *Le Saint-Viatique à la campagne*, a été publié dans l'album de 1923, tandis qu'un dessin, *Le Viatique*, l'a été en 1927 dans l'*Almanach du peuple*. Encore ici, il est possible que le dessinateur ait retenu le sujet après avoir lu, dans les *Anecdotes canadiennes*, la description qu'y fait l'abbé Charles Trudelle d'une pareille scène:

Comme il est beau encore aujourd'hui, à la campagne de voir le respect et la piété des populations au passage du prêtre portant le Saint-Sacrement! Comme il est touchant dans les beaux jours de l'été surtout, le spectacle de ces familles, vraiment chrétiennes, s'agenouiller et se prosterner avec respect sur le bord du chemin; de ces bons cultivateurs qu'on voit au loin dans leurs champs arrêter leurs charrues ou leurs voitures chargées de grain, laisser leurs instruments aratoires, mettre bas leurs chapeaux et s'agenouiller avec les sentiments de la foi la plus vive pour adorer leur Dieu et lui demander sa bénédiction.

Le Saint-Viatique à la campagne, 1916.
Photo: Musée du Québec.

La criée pour les âmes,
Almanach du peuple,
1924.

La criée pour les âmes illustre une tradition qui a également trait à la mort. Tous les dimanches du mois de novembre et, occasionnellement, à d'autres moments de l'année, on procédait jadis sur le parvis de l'église à une vente aux enchères «pour les âmes du purgatoire».

Les jours de fête

Le cycle des douze jours, de Noël aux Rois, est certainement la période de l'année où l'on «fête» le plus au Canada français. Chrétiennes d'abord, ces

La cuisine des fêtes,
Almanach du peuple,
1921.

fêtes sont aussi l'occasion de réjouissances «païennes» que Massicotte a abondamment illustrées, depuis les préparatifs jusqu'aux «veillées» du temps des fêtes.

Dans un petit dessin paru dans l'*Almanach du peuple* de 1921, *La cuisine des fêtes*, l'artiste nous rappelle que ces préparatifs commençaient par la confection des tartes et des tourtières qui allaient couvrir les tables pour la plus grande joie des convives.

Détail.
Le traditionnel gâteau des Rois, 1926.
Photo: Musée du Québec.

Dans les moeurs canadiennes-françaises, la messe de minuit est un élément traditionnel qui fait partie de la période des fêtes au même titre que le réveillon et la bénédiction paternelle, mais Massicotte s'y est peu arrêté. Le seul dessin qui s'y rapporte est *Une messe de Minuit dans un chantier d'autrefois*, paru en 1928 dans l'*Almanach du peuple*. Cependant, si la messe elle-même n'a pas souvent intéressé le dessinateur, les événements qui s'y rattachent ont souvent été représentés.

A l'époque où l'on voyageait encore en carriole, le retour de la messe de minuit constituait en soi une activité importante. C'est dans *Le Monde illustré* du 27 décembre 1894 que Massicotte retient pour la première fois ce sujet qu'il reprendra en 1920 dans l'*Almanach du peuple* (le même dessin sera aussi publié dans l'album de 1923), puis en 1924 dans la série de «Nos traditions nationales».

En regardant l'une ou l'autre de ces illustrations, on ne peut s'empêcher de faire un lien entre Massicotte et Julien. Ce dernier n'a jamais illustré le retour de la messe de minuit, mais il a souvent introduit dans ses dessins des promenades en carriole qui ont pu servir de modèles à Massicotte. En outre, nous connaissons au moins un croquis d'Henri Julien représentant une «allée» et il est manifeste que Massicotte lui a emprunté l'idée et la manière de traiter ses *Retour de la messe de Minuit*.

*Une messe de Minuit
dans un chantier d'autrefois,
1928.*

«*Ils vont, les braves petits chevaux canadiens!*»
Dessin d'Henri Julien. Almanach du peuple, 1928.

Le retour de la messe de Minuit, 1919.
Photo: Inventaire des biens culturels du Québec.

C'est par le réveillon de Noël que s'ouvre véritablement la période de réjouissances du cycle des douze jours. Même si cette activité ne présente en réalité aucun détail typique, sauf le fait de réunir autour d'une table les membres d'une même famille, du plus vieux jusqu'au plus jeune, ce sujet a souvent inspiré Massicotte.

Dès 1901 un premier dessin intitulé *Le réveillon de Noël, un retardataire* paraît dans *Le Monde illustré* du 23 décembre. Un second dessin reprend le même thème dans l'*Album universel* du 19 décembre 1903. Il faut ensuite attendre jusqu'en 1923 pour retrouver le même sujet, alors que paraissent dans l'*Almanach du peuple* deux illustrations différentes, toutes deux intitulées *Le réveillon de Noël*.

A la fin du siècle dernier, il n'était pas dans les habitudes des Canadiens français de donner des cadeaux aux enfants à Noël, et le Père Noël était fort peu connu chez nous. Le Père Noël que Massicotte représente dans *Le Passe-Temps* du 23 décembre 1899, apparaît donc un peu comme un intrus dans l'illustration de nos traditions populaires. L'explication est peut-être la suivante: *Le Passe-Temps* s'adressait surtout à un public de ville et c'est par la ville que le Père Noël est entré dans nos moeurs. Ce serait donc pour satisfaire les lecteurs du journal que Massicotte aurait consenti à traiter ce sujet qui ne devait pas correspondre à ses aspirations. Il est significatif d'ailleurs que ce soit la seule fois que l'artiste ait contribué à diffuser l'image du Père Noël par un dessin. Cependant, dans

Le réveillon de Noël, 1913.
Photo: Musée du Québec / Luc Chartier.

La bénédiction du patriarche,
d'Henri Julien.
Photo: Inventaire des biens culturels.

l'*Almanach Rolland* de 1927, il devait à nouveau sug-
gérer l'idée de la distribution des cadeaux de Noël par
la représentation d'un arbre de Noël et de bas de laine.

L'événement le plus important du premier de l'an
dans les moeurs canadiennes-françaises d'autrefois était
certainement la bénédiction paternelle. Massicotte a
souligné cette pratique au moins deux fois: une première fois en 1913 dans l'*Almanach du peuple*, avec un
dessin intitulé *La bénédiction du jour de l'an*, qui sera

La bénédiction du jour de l'An, 1912.
Photo: Musée du Québec.

repris dans l'album de 1923, puis une deuxième fois, également dans l'*Almanach du peuple*, avec un petit dessin inspiré du premier et destiné à la série de «Nos traditions nationales».

Si Massicotte a parfois fait des emprunts, il a à son tour été copié à plusieurs reprises. L'un de ces imitateurs sera nul autre que Gérard Morisset qui prendra sa relève à l'*Action sociale catholique* vers 1924. Mais pour choisir un exemple qui se rapporte à la bénédiction paternelle et qui montre bien que les oeuvres de Massicotte peuvent encore servir de modèles à des artistes contemporains, citons ce relief sculpté par Paul Tremblay, de l'Ange-Gardien, et reproduisant à n'en pas douter la *Bénédiction* de Massicotte.

La composition de ces dessins met en évidence l'autorité de l'aïeul dans la famille canadienne-française. Jamais contestée dans la société traditionnelle, celle-ci est accrue, à l'occasion du premier de l'an, du pouvoir que lui confère la religion.

On trouve dans les *Anecdotes canadiennes* — encore une fois — un texte de E.-A. Talbot qui relate la façon dont se déroulaient les visites du jour de l'an:

> Le nouvel an est une des fêtes les plus exactement observées, et est spécialement consacré à se visiter et à se fêter mutuellement. Tout maître de maison, soit à la ville, soit à la campagne, a, ce jour-là, sa table chargée de vins délicieux, d'excellentes confitures et de gâteaux de toute espèce. Les hommes doivent aller de maison en maison, pour porter réciproquement les voeux et les compliments

EDMOND-J.MASSICOTTE

*Les visites du jour de l'An,
Almanach du peuple, 1926.*

de leur famille, et prendront leur part des friandises qui se trouvent partout préparées. A leur entrée dans l'appartement de réception, les hommes embrassent sans cérémonie toutes les femmes. Les dames françaises présentent leurs joues; mais les anglaises, suivant l'usage de leur pays, recoivent le chaste baiser sur leurs lèvres.

C'est bien cette scène qu'illustre Massicotte dans *Les visites du jour de l'an*, dessin publié dans l'*Almanach du peuple* de 1926, et *Les visites du jour de l'an au temps passé*, cinquième des grands tableaux de la seconde série des «moeurs canadiennes» parue en 1929 dans le même almanach.

Les visites du jour de l'An,
Photo: Musée du Québec / Luc Chartier

Voilà une autre coutume longuement décrite dans les *Anecdotes canadiennes* et où l'illustrateur aurait puisé son inspiration pour *La visite de la quête de l'Enfant-Jésus*, d'abord publié dans l'*Almanach du peuple* de 1914, puis dans l'album de 1923. Le sujet sera repris, traité différemment, en 1924 dans la série de «Nos traditions nationales».

En effet, les deux illustrations semblent avoir été exécutées pour rendre en images ce que le texte raconte:

> En ce jour de visite, tout le monde reste à la maison pour recevoir M. le curé; le père de famille est là, sur le seuil de sa porte, qu'il ouvre à deux battants devant les distingués visiteurs. Dans les familles où fleurissent encore les traditions anciennes et religieuses, tout le monde tombe à genoux pour recevoir la bénédiction du pasteur de la paroisse, puis l'usage veut que le prêtre, comme un bon père de famille, tende la main à tous ses paroissiens, depuis le chef de la maison jusqu'au poupon que la mère porte dans ses bras.

Une autre coutume bien populaire que Massicotte a représentée, c'est celle qui voulait qu'au souper des rois la maîtresse de maison cache dans son gâteau un pois et une fève. Après avoir coupé le gâteau et en avoir offert un morceau à tous les convives, celui qui trouvait le pois était fait roi, et celle qui trouvait la fève devenait reine de la soirée.

Tel est le sujet du *Traditionnel gâteau des rois*, dessin publié en 1927 dans l'*Almanach du peuple*.

La visite de la quête de l'Enfant-Jésus, 1914.
Photo: Musée du Québec.

Le traditionnel gâteau des Rois, 1926.
Photo: Musée du Québec.

L'artiste a choisi de représenter le moment où la jeune fille de la maison apporte sur la table le fameux gâteau à la grande joie des convives.

Le temps des fêtes est aussi celui des veillées. Les longues soirées d'hiver réunissaient souvent, dans la grande salle qui servait à la fois de cuisine, de salle à manger et de salon, quelques parents, voisins ou amis venus oublier les rigueurs de la saison en dansant la «gigue carrée» au son du violon. C'est ce que raconte *Une veillée d'autrefois*, un autre des grands tableaux de Massicotte qui, publié une première fois dans l'*Almanach du peuple* de 1916, paraît aussi dans l'album de 1923.

Ce tableau se rapproche encore une fois, par le sujet et par la composition, d'un dessin d'Henri Julien, *La danse*. Plus soucieux du détail que Julien, Massicotte développe davantage son sujet et rend son tableau plus didactique.

Détail intéressant qui mérite d'être mentionné, le violoneux que Julien place au premier plan dans son dessin, est relégué à l'arrière-plan par Massicotte, manifestement pour ne pas imiter trop servilement son modèle. Dans un tableau comme dans l'autre, le personnage est bien campé sur le coin d'une table et le geste est identique. Ce violoneux fera chez Massicotte l'objet d'une étude particulière. Puisque le violoneux, personnage très important dans les veillées d'autrefois,

Une veillée d'autrefois, 1915.
Photo: Inventaire des biens culturels.

The Dance,
dessin inachevé
d'Henri Julien.
Source: Marius Barbeau,
Henri Julien, The Ryerson
Press, Toronto.

Le bal des noces

occupe dans la composition de Massicotte une place qui ne le met nullement en évidence, l'artiste a sans doute imaginé qu'il fallait corriger cette lacune en le détachant du reste du tableau pour en faire une vignette dans son album de 1923, et aussi pour le faire entrer dans la série de «Nos traditions nationales» de l'*Almanach du peuple* de 1930.

Imitant Julien, Massicotte est à son tour manifestement plagié par un illustrateur anonyme. Le fait en lui-même n'aurait rien d'étonnant si le tableau en question n'était pas publié dans l'*Almanach du peuple* de 1925

Le violoneux,
Almanach du peuple,
1930.

Le Passe-Temps du 6 février 1909 publiait en page couverture une illustration de Massicotte intitulée *Vive le gai carnaval*. Le dessin présente peu d'intérêt, mais il nous montre comment à cette époque on fêtait le carnaval. Non pas les grands carnavals publics des dernières années du 19e siècle, mais les soirées d'hiver qui se succédaient depuis les rois jusqu'au carême et qui donnaient lieu à des réjouissances des plus gaies et des plus bruyantes, particulièrement pendant les Jours-Gras. C'est ce qu'on appelle le temps du Carnaval. Le soir du Mardi-Gras, les «carnavaleux» s'en donnaient à coeur joie; des promenades en «traîneau à bâtons» les conduisaient, déguisés de toutes les façons, de maison en maison, pour y boire, manger et danser. Les tournées pouvaient prendre deux aspects: promenades en traîneau et visites aux maisons sans quête proprement dite, et visites aux maisons avec quête de victuailles pour aider les pauvres et les malades de la paroisse. Massicotte semble avoir voulu représenter les deux aspects de cette coutume. Dans un premier dessin intitulé *Le Mardi-Gras à la campagne*, publié d'abord dans l'*Almanach du peuple* de 1912, puis dans l'album de 1923, rien ne laisse supposer que les fêtards se préparent à demander une aumône. Au contraire, dans le deuxième dessin, publié dans l'*Almanach du peuple* de 1923 et intitulé *Le Mardi-Gras*, un des personnages tient dans sa main droite une grosse poche remplie du produit de ses quêtes.

Dans ces deux dessins, Mardi-Gras est un jovial bonhomme coiffé d'un chapeau de castor et vêtu de

Le Mardi-Gras. Photo: Inventaire des biens culturels.

Le Mardi Gras,
Almanach du peuple,
1911.

vieilles hardes rapiécées. Il personnifie en quelque sorte la gaieté tapageuse du peuple, son rire et ses chansons.

La mi-carême n'a fait l'objet que d'un seul dessin chez Massicotte, et c'est pour *Le Monde illustré* du 30 mars 1901. L'activité qui s'y trouve décrite n'est pas vraiment folklorique. Il s'agit de patineurs sur glace dans un amphithéâtre.

Trois ou quatre illustrations de Massicotte se rapportent à la fête de Pâques, mais une seule présente de l'intérêt sur le plan ethnographique, en décrivant une

La cueillette de l'eau de Pâques,
Almanach Rolland, 1927.

coutume qui s'y rattache: l'eau de Pâques. C'est pour illustrer un texte d'Édouard-Z. qu'il exécute ce petit tableau, paru dans l'*Almanach Rolland* de 1927. Édouard-Z. rapporte qu'une croyance veut que l'eau puisée au lever du soleil, le matin de Pâques, soit douée de vertus miraculeuses. Bien des gens se rendaient, le jour de Pâques, dès le petit matin, leur «vaisseau» en main, puiser dans une source cette eau miraculeuse.

Dans la tradition religieuse populaire, le mois de mai appartient à la Vierge Marie. Dans nos campagnes, ce culte donnait lieu à une pratique très généralisée que Massicotte a voulu représenter au moins une fois, dans un petit tableau publié dans l'*Almanach du peuple* de 1923 et intitulé *Le mois de Marie*. Il s'agit, bien sûr, de ces réunions qui se tenaient au pied d'une croix de chemin, tous les soirs du mois de mai. Ce dessin évoque la solennité toute particulière de cette pratique: des fidèles, enfants, jeunes gens et personnes âgées,

Procession de la Fête-Dieu,
Almanach du peuple.

sont agenouillés au pied d'une simple croix de bois dont les extrémités sont modestement ouvragées, et sur laquelle on distingue, à la base, une niche. Une clôture de bois entoure la croix.

Massicotte considère la procession de la Fête-Dieu comme une de «Nos traditions nationales». Le dessin paraît dans l'*Almanach du peuple* de 1924; on y voit un curé de village portant l'ostensoir alors que, de chaque côté de la route, les fidèles se prosternent sur le passage de «Jésus-Hostie».

EDMUND-J. MASSICOTTE

La Saint-Jean-Baptiste,
Almanach du peuple,
1923.

Deux dessins de Massicotte se rapportent à la Saint-Jean-Baptiste. Le premier, publié dans l'*Almanach du peuple* de 1923, est de beaucoup le plus intéressant. Il s'agit des feux de la Saint-Jean qu'on avait coutume d'allumer la veille du 24 juin. Le dessin montre une foule rassemblée autour du bûcher qu'on vient d'allumer, alors que le curé s'apprête à le bénir.

Dans *La Presse* du 23 juin 1894, A.-S. Brodeur a représenté ce qu'on rapporte être le dernier feu de la Saint-Jean, à Saint-Jean de l'île d'Orléans. Massicotte connaissait-il ce dessin de Brodeur? C'est probable.

Le deuxième dessin de Massicotte sur le même thème est une composition allégorique qui a servi de page couverture au numéro de juillet 1928 du mensuel *La Voix nationale*. Il s'intitule *Saint Jean-Baptiste à la jeunesse*. On y voit le saint montrant à un jeune garçon le spectacle d'un laboureur aux champs, avec l'intention bien évidente de lui indiquer la route à suivre. D'ailleurs la légende ne laisse aucun doute sur l'intention moralisatrice de Massicotte:

La vie humble et tranquille,
Croyez ce que je dis,
Est la route facile,
Qui mène en Paradis.

C'est vers le 25 novembre, quand tombe la «bordée» de la Sainte-Catherine, que l'automne cède sa place à l'hiver. Cette fête, que Massicotte a illustrée dans l'*Almanach du peuple* de 1923, marque donc le début des préparatifs de l'hiver et, par conséquent, elle complète l'année en ce qui concerne les jours de fête.

Le dessin de Massicotte montre une activité bien caractéristique de cette fête: on y voit un jeune couple et une femme plus âgée en train d'«étirer de la tire» pendant que deux enfants et une jeune fille se régalent de la friandise.

La Sainte-Catherine,
Almanach du peuple,
1923.

Les travaux et les jours

En agriculture, la nature impose son rythme à l'homme. A chaque mois correspondent des activités bien déterminées, selon les moments propices à la culture de la terre; avril et mai sont les mois pendant lesquels se font les semailles; en juin se continuent les plantations; en juillet et en août ce sera plutôt le «temps des foins» et les récoltes, alors que les mois de septembre et d'octobre sont consacrés aux provisions pour l'hiver et aux labours de l'automne.

EDMOND J. MASSICOTTE

En 1919, l'*Almanach du peuple* offrait à ses lecteurs, en majorité des agriculteurs, des conseils relatifs à l'agriculture, sous la forme d'un calendrier. Chacun des mois de l'année faisait l'objet de recommandations se rapportant à une technique agricole pratiquée à ce moment précis de l'année, et une vignette, décrivant une autre activité caractéristique du mois, complétait le

EDMOND J MASSICOTTE

calendrier. Ces dessins non signés pourraient être
d'Henri Julien. On y reconnaît davantage sa manière
que celle de Massicotte. Quoi qu'il en soit, c'est l'idée
d'illustrer le calendrier agricole qu'il faut retenir, car
elle sera reprise plus tard, cette fois avec la collaboration certaine de Massicotte.

EDMOND-J MASSICOTTE

Les semailles,
Almanach du peuple,
1922.

Les semailles font l'objet de trois dessins dans l'oeuvre de Massicotte; un premier paraît dans *Les croquis laurentiens* du frère Marie-Victorin et les deux autres sont publiés dans l'*Almanach du peuple.*

Ces deux derniers dessins font partie des calendriers agricoles de 1920 et 1922. Le premier est plus intéressant sur le plan folklorique parce qu'il nous montre comment se pratiquaient les semailles à la volée. Le semeur porte en bandoulière un sac de grains et, tenant celui-ci ouvert de sa main gauche, il se sert de sa main droite pour ensemencer. Le grain contenu dans le sac correspond probablement à une surface bien précise. Quant au deuxième dessin, il présente

Les semailles,
Almanach du peuple.

moins d'intérêt puisque l'ensemencement s'y fait à la machine.

Si l'on sème en mai, c'est surtout au début de juin que la ménagère s'occupe de son jardin. Un seul dessin, exécuté pour illustrer le mois de juin du calendrier agricole, dans l'*Almanach du peuple* de 1921, porte sur ce sujet. Par contre, une autre opération se déroule en juin: le sarclage des légumes. Dans *Le sarclage des légumes à la machine*, paru en 1922, également dans l'*Almanach du peuple*, Massicotte a de toute évidence une intention didactique: il veut montrer que le recours à la machine facilite les travaux de sarclage et de renchaussage. Il lui arrive souvent d'ailleurs d'introduire dans ses dessins destinés à cette publication un outillage mécanisé et moderne.

*Sarclage des légumes à la machine,
Almanach du peuple.*

*La moisson,
Almanach du peuple.*

116

Jardinage. Almanach du peuple.

La basse-cour,
Almanach du peuple.

En juillet se pratique la fenaison. Deux des six dessins qui se rapportent à cette activité ont été exécutés pour illustrer le calendrier agricole de l'*Almanach du peuple*. Ce sont *Les foins* en 1921 et *La fenaison* en 1922. Massicotte avait déjà traité ce thème en différentes occasions. L'un de ses premiers dessins offrant un intérêt ethnographique représentait un paysan aux champs. Nous avons déjà mentionné *Le glaneur*, qui sera en quelque sorte repris une seconde fois le 15 mars 1902 dans *Le Passe-Temps* sous le titre *Le faucheur*, une troisième fois sous le titre *La fenaison au Canada*

Le trayage des vaches,
Almanach du peuple.

dans l'*Album universel* du 22 août 1903. Mais de tous les dessins de l'artiste qui portent sur ce thème, le plus intéressant est certainement celui qui paraît dans l'Album de 1923 sous le titre *L'Angélus*. Cette composition rappelle le célèbre *Angélus* de Jean-François Millet. Comme lui, Massicotte évoque et exalte par la manière et par l'esprit, le noble labeur des champs, empreint de gravité religieuse. L'oeuvre de Millet a d'ailleurs probablement influencé la production de Massicotte. Pas

L'Angélus, 1921.
Photo: Inventaire des biens culturels.

toujours d'une façon aussi évidente que dans *L'Angé-lus,* mais comme Millet, il a cherché à peindre les paysans dans leurs occupations quotidiennes avec une intention commune: refléter à travers ces personnages rustiques la beauté et la noblesse des gestes élémen-taires, sources de la vie humaine.

Ce tableau de Massicotte sera très fidèlement re-produit sur bois par Médard Bourgault. Son bas-relief *L'Angélus*, acquis par le juge J.-C. Pouliot en 1931, se trouve au Manoir Mauvide-Genest, à l'île d'Orléans.

Dans l'album de 1923, on trouve une grande planche intitulée *Une épluchette de blé-d'inde*. On y voit plusieurs personnes, voisins et amis, occupés à éplucher la provision de blé-d'inde d'une famille. Cette corvée, qui se répétait dans les différentes familles du canton, au début de l'automne, servait aussi de prétextes à des réjouissances. Tout en travaillant on s'amusait ferme, surtout peut-être au moment où l'un des jeunes gens découvrait «l'épi rouge» qui donnait droit à un baiser de sa belle. C'est cet instant particulièrement attendu par les participants que Massicotte a voulu représenter. Ce sujet fait aussi l'objet d'un dessin de la série «Nos traditions nationales» en 1923.

Dans le cycle de la nature, l'automne signifie la fin d'une année. Les labours d'automne, sujet que l'artiste a traité à quelques reprises pour l'*Almanach du peuple* de 1919 et 1922, terminent le temps propice à la culture de la terre. Quelques occupations agricoles, comme *Le criblage du grain dans le hangar*, qui paraît dans l'*Almanach du peuple* de 1922, peuvent se poursuivre en hiver. Cette opération par laquelle les céréales récoltées sont nettoyées des divers débris et séparées, se faisait autrefois immédiatement après la récolte, à la main, à l'aide d'un appareil fort simple, le van. Mais en remplaçant le van au cours du 19e siècle, le crible ou tarare mécanique a permis de retarder l'opération. C'est cet appareil que l'on voit dans le dessin de Massicotte.

L'épluchette de blé-d'inde, Almanach du peuple, 1917.
Photo: Inventaire des biens culturels.

Criblage du grain dans le hangar.
Almanach du peuple.

124

Sciage au moteur du bois pour l'hiver,
Almanach du peuple.

Le laboureur. Croquis.
Calepins d'Edmond-J. Massicotte.
Musée du Québec.

Comme le signale Jean-Claude Dupont, le temps des sucres chez nous «marquait jadis un moment de transition dans le cycle des travaux et des jours de l'univers quotidien».

Cette activité a souvent été représentée par les illustrateurs des 19e et 20e siècles, et c'est un sujet que Massicotte a très souvent traité. Deux types de feux apparaissent dans ses croquis: le chaudron suspendu à une brimbale de bois et les «bouilleuses», grandes casseroles posées sur un feu industriel. Le premier type se retrouve dans plusieurs dessins et dans le tableau intitulé *Les sucres* de l'album de 1923; on y voit effectivement deux chaudrons suspendus à une brimbale et un abri de planches. Une scène semblable est décrite dans une lithographie de Cornelius Krieghoff intitulée *Cabane à sucre* et dans un dessin à la plume

Les sucres, 1918
Photo: Inventaire des biens culturels.

Cabane à sucre.
Tableau de Cornelius Krieghoff.
Photo: Inventaire des biens culturels.

Fabrication du sucre d'érable. Suite de croquis d'Henri Julien. L'Opinion publique 3 mai 1877. Photo: Inventaire des biens culturels

Les sucres. Installation d'une sucrerie moderne. Almanach du peuple, 1922.

d'Henri Julien. Le second type est décrit dans une illustration exécutée pour l'*Almanach du peuple* de 1922 et que l'artiste a intitulé *Les sucres — installation d'une sucrerie moderne.* La légende qui accompagne ce dessin souligne que «la sucrerie moderne est devenue une sorte de laboratoire où les opérations diverses de la fabricagions du sucre d'érable sont scientifiquement contrôlées et donnent des résultats certains».

Les sujets se rapportant à des activités traditionnelles sont assez diversifiés chez Massicotte. Certains
dessins illustrent les différentes étapes d'une industrie
domestique à partir du matériau brut jusqu'au produit
fini et constituent une séquence logique. Ainsi, dans
l'*Almanach du peuple* de 1922, trouve-t-on une série
de croquis décrivant les transformations successives
que subit le lin avant de passer à l'état de tissu: le
brayage, la chaufferie, l'écochage, le blanchiment. En
1921, toujours pour l'*Almanach du peuple*, l'artiste
avait exécuté des petits tableaux illustrant le filage, le
dévidage, le tissage de la catalogne et toutes les opérations que comporte le foulage de l'étoffe. Très didacti-
ques, ces dessins accompagnent le plus souvent des
textes d'Édouard-Z. Massicotte écrits à la suite d'enquêtes sur le terrain.

Le brayage,
Almanach du peuple,
1921.

La chaufferie,
Almanach du peuple,
1922.

L'écochage,
Almanach du peuple,
1922.

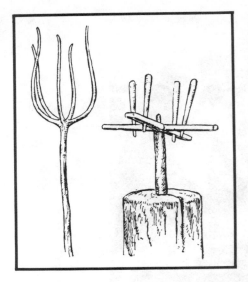

A gauche: quenouille.
Au centre: dévidoir horizontal.
Ci-dessous: peigne à filasse.
Dessins parus dans
l'Almanach du peuple,
1922.

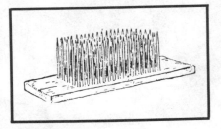

*Le blanchiment,
Almanach du
peuple, 1922.*

Le foulage, à Saint-Pierre, île d'Orléans.
Photo: Office national du film, 1941.

6 PIEDS
FOULON DU BOUT

16 A 20 POUCES
18 POUCES
COUPE TRANSVERSALE

4½ PIEDS
FOULON DU CENTRE

4 A 5 pcs
4 PIEDS
AUTRE GENRE DE FOULON DU CENTRE

16 PIEDS
18 POUCES
2 PIEDS
3 POUCES D'EPAISSEUR

COUPE LONGITUDINALE

Bac et foulons,
Almanach du peuple, 1921.
Non signé.

Le foulage de l'étoffe,
Almanach du peuple, 1921.

Le séchage de l'étoffe,
Almanach du peuple, 1921.

Le repassage de l'étoffe,
Almanach du peuple, 1921.

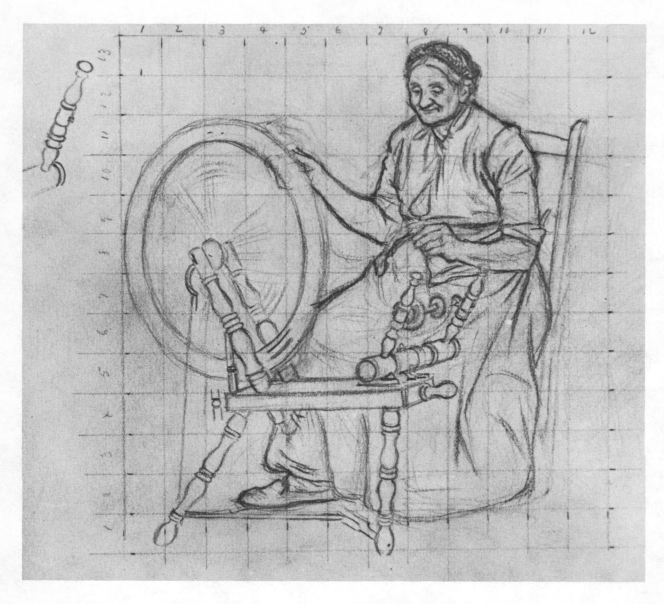

Croquis. Calepins d'Edmond-J. Massicotte. Musée du Québec.

Le filage, Almanach du peuple, 1921.

Croquis. Calepins d'Edmond-J. Massicotte. Musée du Québec.

Le dévidoir d'autrefois, Almanach du peuple, 1921.

Le tissage de la catalogne,
Almanach du peuple, 1921.

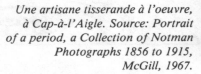

Une artisane tisserande à l'oeuvre,
à Cap-à-l'Aigle. Source: Portrait
of a period, a Collection of Notman
Photographs 1856 to 1915,
McGill, 1967.

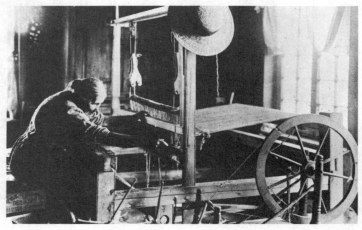

Le métier, Almanach du peuple.

Le tressage de la paille,
Almanach du peuple.

Des activités plus spécifiques font parfois l'objet d'un dessin. Ce sera, par exemple, la fabrication des chapeaux de paille dans *Le tressage de la paille*, publié dans l'*Almanach du peuple* de 1921, ou encore la fabrication des bottes et des souliers sauvages. Trois petits croquis illustrent un texte d'Édouard-Z. décrivant cette opération.

Le pilon à sagamité,
Almanach du peuple.

Dans l'oeuvre de Massicotte, mis à part les «repas du temps des fêtes», on trouve assez peu de dessins sur le thème de la préparation des aliments. Un tableau intitulé *Le pilon à sagamité* paraît dans l'*Almanach du peuple* de 1921. On y voit une femme qui, à l'aide d'instruments rudimentaires — un pilon et un mortier creusé dans un tronc d'arbre —, est occupée à broyer du maïs pour faire de la «sagamité», sorte de bouillie dont la recette nous serait venue des Amérindiens. Dans l'*Almanach du peuple* de la même année, une illustration intitulée *Les confitures* nous montre une ménagère en train de mettre en conserve les fruits cueillis durant l'été.

Les confitures, Almanach du peuple, 1921.

La fournée du bon vieux temps, 1920.
Photo: Inventaire des biens culturels.

La cuisson du pain, activité modeste, mais essentielle dans la vie quotidienne traditionnelle, a été évoquée au moins à deux reprises par l'artiste. Parus dans l'*Almanach du peuple* de 1921, *Le four à cuire le pain* et *La fournée du bon vieux temps* montrent une scène identique: une femme qui se tient debout près d'un four à pain. Dans les deux cas, il s'agit d'un four extérieur recouvert d'une toiture à un seul versant. Un

Le four à pain,
de Gérard Morisset.
Almanach de l'Action
sociale catholique, 1929.

texte de Marius Barbeau apporte quelques explications sur leur fonctionnement:

> Au dehors on ouvrait le four tout grand, pour y allumer des petits amas d'éclisses fines et sèches. Quand le four était suffisamment réchauffé, on en raclait la cendre et les tisons vifs. La pâte gonflée presque au point de déborder des casseroles y faisait son entrée à l'aide d'une palette de bois sur-

Un four à pain, à Cap-à-l'Aigle.
Source: Portrait of a period,
a Collection of Notman Photographs
1856 to 1915. McGill, 1967.

montant un long manche. Puis se refermaient les petites portes à deux battants, qui servaient à emprisonner la chaleur dans les parois de pierre ou de terre cuite jusqu'à ce que le pain en émergeât jaunissant tout autour et doré sur le faîte.

Il est intéressant de comparer ce dessin avec une photographie prise par William Notman à Cap-à-l'Aigle vers 1900. Le rapprochement nous permet de vérifier l'exactitude de la représentation picturale. Le type de construction dans les deux cas est vraiment très semblable: le corps du four repose sur un bâti de grosses pièces de bois posé sur quatre grosses billes non équarries et il est recouvert d'une toiture de planches grossièrement assemblées. Cependant, un détail important diffère: la gueule du four dessiné par Massicotte ne se ferme pas au moyen de portes en fonte, mais plutôt à l'aide d'un panneau de bois.

149

S'inspirant sans doute de Massicotte, Gérard Morisset a lui aussi exécuté un petit dessin à la plume pour l'*Almanach de l'Action sociale catholique* de 1929.

4 L'époque

Le présent chapitre portera sur les différents aspects du cadre dans lequel Massicotte fait vivre ses personnages. Ce cadre est celui d'une époque bien précise: le dernier quart du dix-neuvième siècle et le début du vingtième. C'est en effet vers 1900 que l'illustrateur entreprend de faire des enquêtes sur le terrain qui le conduisent auprès de vieux habitants dont les souvenirs remontent jusque vers 1875; d'autre part, certains détails de l'habitation, du mobilier, des objets usuels, des costumes nous situent quant à l'époque représentée. Ainsi, par exemple, les lampes au kérozène que l'on retrouve dans plusieurs illustrations de l'artiste n'apparaissent au Québec que vers 1860.

C'est sur une connaissance globale de l'oeuvre et sur un examen minutieux des grandes planches exécutées pour l'*Almanach du peuple*, que s'appuient les remarques qui suivent.

Dans l'ensemble, Massicotte n'utilise jamais que quelques prototypes qui se répètent dans toute son oeuvre et qui lui servent de fond de scène. C'est ainsi que les mêmes éléments structuraux reviennent presque toujours dans ses compositions. Ces éléments corres-pondent en quelque sorte à une recette éprouvée, à des clichés, qui, tout en contribuant à créer cette impres-sion d'authenticité qui se dégage de chacun de ses tableaux, en assurent l'équilibre général. Massicotte utilise un vocabulaire décoratif choisi et restreint, qu'il exploite à outrance. Ce vocabulaire sert de point de repère et permet à quiconque regarde ses dessins de se situer dans l'espace et dans le temps.

Il ne faut pas oublier que la grande majorité des illustrations de Massicotte ont été imaginées pour satis-faire le goût et la curiosité des lecteurs de l'*Almanach du peuple*. Il fallait donc que l'artiste popularise sa vision de la fin du siècle dernier et la rende accessible et sympathique à tous. Il fallait créer des décors dans les-quels les gens puissent se retrouver et s'identifier. Les objets, le mobilier, la maison, etc., devaient être assez traditionnels et assez populaires pour que n'importe qui puisse dire: «Ah! oui, cet objet, ce meuble, cette maison me sont familiers». En somme, Massicotte a représenté des éléments décoratifs types, des objets usuels types, des habitations types, des transports types, et même des personnages types, donc peu variés, mais d'une vraisemblance indiscutable.

La maison

On distingue dans les dessins de Massicotte deux modèles de maisons. Le premier se caractérise par une toiture à pente raide et à deux eaux, dont le larmier déborde peu. Le volume est rectangulaire, massif, mais le plus souvent surélevé par rapport au niveau du sol.

Pour atteindre la porte d'entrée, les personnages doivent franchir un perron-galerie. En façade, la porte est placée au centre et deux fenêtres sont disposées symétriquement de chaque côté. Il s'agit la plupart du temps de maisons de pierre.

Le deuxième modèle a un toit galbé qui se prolonge exagérément, au point qu'il faut placer des poteaux à la galerie pour soutenir le larmier. Ce modèle a toujours de nombreuses fenêtres et des lucarnes, de même qu'une cheminée placée à chacune des extrémités. Dans certains cas, l'un et l'autre modèles auront un prolongement qui serait, vraisemblablement, une cuisine d'été.

Massicotte n'a imaginé et représenté qu'un seul intérieur, même si des variantes donnent l'illusion qu'il utilise à chaque fois un décor différent. En y regardant de près, on s'aperçoit que la composition est toujours la même: il s'agit, le plus souvent, d'une grande salle qui sert à la fois de salon, de salle à manger, de cuisine et de vivoir. Le plancher de cette salle occupe généralement une part importante de l'image, ce qui permet au dessinateur d'y disposer de nombreux meubles et objets. Les ouvertures placées vers le centre du tableau donnent une impression de profondeur. Entre ces ouvertures, on trouve le plus souvent un objet, un meuble, une ouverture qui sert de point de repère et détermine la perspective du tableau. Après avoir créé l'espace intérieur, l'artiste place ses personnages, qu'il regroupe autour d'un axe central. Ce regroupement forme presque toujours un cercle dans lequel évoluent

Étude.
Calepins d'Edmond-J. Massicotte.
Musée du Québec.

les personnages. C'est par ce procédé que Massicotte réussit à créer l'illusion d'un vaste espace dans lequel il peut disposer de nombreux personnages, sans toutefois surcharger sa composition. On trouve un excellent exemple de ce procédé dans *Une veillée d'autrefois*.

Le mobilier

Les meubles sont presque toujours les mêmes: armoires simples et peu ouvragées, tables rustiques, chaises à fond paillé ou de babiche, ou chaises berçantes de type Boston Rocker, banc-lit ou banc à seaux, horloge grand-père ou pendule, quelques luminaires, lampes à kérosène ou fanaux, et l'indispensable poêle à deux ponts. Cet instrument de chauffage et de cuisson,

Le poêle à deux ponts, Almanach du peuple, 1929.

que l'on peut considérer comme faisant partie du mobilier vu l'importance qu'il occupe dans l'aménagement intérieur, est presque toujours placé contre un mur ou une cloison, au centre de la composition.

Ces meubles appartiennent le plus souvent à la deuxième moitié ou au dernier quart du 19e siècle. Nous avons cité l'exemple de la lampe au kérosène. On peut mentionner aussi la chaise de type Boston qui devient populaire aux États-Unis après 1825 et que l'on retrouve partout au Québec entre 1850 et 1900; les horloges suspendues au mur ou placées sur une tablette, fabriquées pour la plupart à la fin du 19e siècle, aux États-Unis; le poêle à deux ponts, dont l'usage est courant surtout dans la deuxième moitié du 19e siècle.

L'imagerie religieuse compte pour beaucoup dans le décor: images de la Vierge et du Sacré-Coeur, montées sur des cadres rustiques, crucifix et croix de tempérance. Ces objets apparaissent régulièrement dans les décors de Massicotte. On y voit aussi parfois un portrait de famille ou un tableau brodé, sur lequel on peut lire une inscription telle que «Aimez vos parents». Ces éléments décoratifs suggèrent une mentalité populaire respectueuse des traditions religieuses et de la piété filiale.

D'autres objets comme le fusil, la corne à poudre et le violon auront, du moins dans la composition, une fonction décorative importante.

Les objets usuels

Peu nombreux, les objets usuels sont cependant plus variés que les meubles et les éléments décoratifs. Il y a ceux qui servent à la préparation et à la consommation des aliments, ceux qui servent aux travaux domestiques comme le filage et le cardage, et ceux qui servent au travail de la terre ou aux activités qui en découlent.

La vaisselle usuelle est en terre cuite blanche et est complétée par des bols en céramique à bandes colorées, des tasses en fer-blanc, des théières en terre cuite brune de type Rockingham. On retrouvera aussi, assez souvent, le pilon et le mortier de bois, et les seaux, également de bois, pour l'eau potable. Ces objets sont caractéristiques de la fin du 19e siècle, surtout les bols à bandes et les théières de type Rockingham.

Rouets, dévidoirs et métiers à tisser sont fréquents dans l'oeuvre de Massicotte; parfois, ils constituent le sujet principal, comme dans un croquis intitulé *Tissage de la catalogne*, publié dans l'*Almanach du peuple* de 1921. Ici encore, il est intéressant de comparer le dessin de Massicotte à une photographie prise par William Notman vers 1900. La similitude frappante établit la véracité du dessin de Massicotte. Cette photographie confirme aussi que ce sont des objets de la fin du 19e siècle que l'artiste a dépeints dans l'ensemble de son oeuvre.

Un faucheur à l'ouvrage. Croquis. Calepins d'Edmond-J. Massicotte, Musée du Québec.

Quant aux outils et instruments agricoles, il y a ceux, comme la hache, le rateau de bois, l'écochoir, le fléau, la charrue, que l'on peut qualifier de traditionnels, et ceux, comme la batteuse mécanique, le crible ou la scie ronde, que l'on peut qualifier de modernes. Ces instruments mécanisés commencent à apparaître vers la fin du 19e siècle. On trouve dans les almanachs de l'époque des réclames vantant ces appareils qui facilitent la tâche des agriculteurs. L'oeuvre de Massicotte coïncide donc avec cette période où, sans délaisser complètement les moyens traditionnels, on commence à entrevoir les avantages d'une technologie plus avancée.

Un «driver» du St-Maurice à l'ouvrage.
21 juillet 1916. Croquis.
Calepins d'Edmond-J. Massicotte.
Musée du Québec.

Croquis.
Calepins d'Edmond-J. Massicotte.
Musée du Québec.

En haut: bottes sauvages.
En bas: souliers de boeuf.

Le costume

Quand il est à l'extérieur, en hiver, l'habitant des dessins de Massicotte porte un lourd «capot» en étoffe «foulée», avec capuchon. Il a une ceinture fléchée à la taille et un casque de fourrure, visière levée et oreillettes rabattues, ou une tuque. Il porte des «mitaines» tricotées et parfois, au lieu du manteau de grosse étoffe, il revêt un capot de fourrure.

A l'intérieur, il est vêtu d'un pantalon en étoffe du pays, d'une chemise de flanelle et parfois d'une veste. Il est le plus souvent chaussé de souliers sauvages. Certains personnages de Massicotte portent une tuque, même dans la maison.

Pour se protéger des rigueurs du climat, la Canadienne de Massicotte porte un chapeau et s'enveloppe la tête d'un foulard, appelé «nuage». Elle a sur les épaules un grand châle qui couvre presque complètement son manteau et elle enfouit ses mains dans un manchon.

A la maison, l'hiver, elle porte une «matinée» en indienne, ajustée à la taille par la ceinture d'un tablier à carreaux. Sous le tablier, elle a une jupe de droguet; aux pieds, des «chaussons» de maison et de gros bas de laine. Parfois elle se couvre la tête d'un bonnet. Lorsqu'il s'agit d'une jeune femme, Massicotte la représente soit en corsage, c'est-à-dire en jupe et en gilet, soit en robe de teinte unie, boutonnée et ajustée à la taille, avec un col étroit d'où dépasse la dentelle.

Un habitant en costume d'hiver, 1922.

Croquis.
Calepins d'E.-J.
Massicotte.
Musée du Québec.

En été, lorsqu'il est aux champs, l'habitant porte une chemise de coton largement ouverte sur une camisole de flanelle, un mouchoir autour du cou et un chapeau de paille. Son pantalon est retenu par une ceinture de cuir à boucle de fer et il est chaussé de bottes sauvages. S'il s'endimanche, il sortira son chapeau de feutre mou et ses souliers de cuir verni, achetés chez le cordonnier du village. Son habit sera semblable à ceux d'aujourd'hui, si ce n'est que les revers du veston sont plus étroits. Exceptionnellement, à l'occasion d'un mariage par exemple, on le verra porter chapeau haut de forme, redingote et pantalon noir.

A l'extérieur comme à l'intérieur, en été, la femme porte une jupe de droguet ou une «polka» ajustée à la taille par un tablier, un mouchoir autour du cou et un chapeau de paille. On la trouve aussi en robe d'indienne. Parfois, lorsqu'elle est âgée, elle se couvre d'un bonnet de coton.

C'est bien le costume typique de l'habitant que Massicotte nous montre dans ses oeuvres, mais ses modèles délaissent parfois le pantalon d'étoffe du pays, la ceinture fléchée et les «souliers sauvages» pour les souliers de cuir verni et l'habit achetés en ville.

Croquis.
Calepins d'Edmond-J. Massicotte.
Musée du Québec.

Un type Canadien
de Shawinigan Falls
17 juillet 1906

Type de jeune Canadien

Croquis.
Calepins d'E.-J.
Massicotte.
Musée du Québec.

Croquis.
Calepins d'E.-J.
Massicotte.
Musée du Québec.

Le transport

La presque totalité des voitures représentées dans l'oeuvre de Massicotte sont à traction animale. En hiver, on utilise la traîne à bâtons dont la fonction première est de transporter des marchandises, mais dont on se servait à l'occasion pour se déplacer. La «sleigh» et la carriole sont des traîneaux plus confortables, la carriole surtout, élégante et rapide, véhicule du dimanche et des jours de fête.

Surtout utilisée pendant le temps de foins, servant à transporter de lourdes charges, la charrette est une voiture à deux roues, à ridelles et à limons. On en trouve un bon exemple dans *L'Angélus*. Le boghei, rustique et peu confortable, peut servir au transport des personnes, mais il est aussi employé à toutes sortes de tâches. C'est probablement le seul avantage qu'il possède sur la calèche, véhicule plus sophistiqué réservé aux grandes circonstances, comme le suggère le tableau *Une noce d'autrefois*.

Mais les véhicules de Massicotte renseignent mal sur l'époque qu'il a voulu représenter. La plupart d'entre eux étaient connus et utilisés dès le début du 19e siècle et même avant. On en trouve de semblables dans les illustrations d'Henri Julien et dans les toiles de Cornelius Krieghoff.

Croquis.
Calepins d'E.-J.
Massicotte.
Musée du Québec.

Croquis.
Calepins d'E.-J.
Massicotte.
Musée du Québec.

TRAVAUX SUR LE PORT

Croquis.
Calepins d'Edmond-J. Massicotte.
Musée du Québec.

5   Le folklore oral

Cette étude ne saurait être complète sans s'arrêter un moment aux principaux récits folkloriques que Massicotte a illustrés au cours de sa longue carrière. Assez curieusement cependant pour un illustrateur des traditions populaires, la littérature orale ne semble pas avoir exercé sur lui un attrait particulier. Pourtant, Massicotte connaissait bien le monde fantastique des contes et légendes. Ce monde, c'est celui de son enfance, de ses souvenirs les plus lointains. Comment expliquer que les êtres merveilleux des croyances populaires qui ont habité ses rêves d'enfant n'aient pas davantage retenu son imagination? A l'exception de quelques histoires racontées par des auteurs à la mode dans les almanachs du début du 20e siècle, l'oeuvre de Massicotte dans le domaine de l'illustration des récits folkloriques est plutôt pauvre: quelques diables, fantômes et lutins ont bien fait l'objet de dessins, mais ils comptent vraiment pour bien peu de chose dans l'ensemble de la production du dessinateur.

Serait-ce parce que Massicotte, observateur consciencieux et minutieux des faits et gestes de ses semblables, se sentait plus à l'aise dans des dessins qui se voulaient avant toute chose réalistes, que dans la concrétisation de récits relevant de la pure fiction? C'est possible, mais peut-être aussi est-ce simplement par manque d'imagination.

C'est sans doute pour répondre à une commande des éditeurs du *Monde illustré* du 17 novembre 1900, que Massicotte s'essaie pour la première fois dans la représentation d'un diable, en s'inspirant du passage d'un récit où l'auteur raconte que le «personnage, tout de rouge habillé, les yeux flamboyants, doté de deux cornes, occupait un trône». Le dessin, l'un des plus élaborés dans le genre, nous fait voir un être assez fantastique mais qui n'appartient pas vraiment à notre littérature orale, puisqu'il s'agit d'une oeuvre de fiction imaginée par l'auteur, Charles-Marie Ducharme.

Dans *Jean Belhumeur,* un conte non signé publié dans l'*Almanach du peuple* de 1923, il est question de Lucifer et d'un diablotin qu'un bonhomme enferme dans un sac. Le dessin de Massicotte vise davantage à amuser qu'à impressionner ou à effrayer. Son diablotin est un petit être ailé et affublé de cornes et d'une longue queue terminée en pointe de lance. L'auteur l'avait présenté comme «un tout mignon petit diable agile et leste».

Un diable,
Le Monde illustré,
17 novembre 1900.

On retrouve encore des diables dans *Une veillée chez nos ancêtres*[1] de Lucienne Lecompte, dans *La frayeur d'un neveu* d'Albert Frontenac et dans *Le violon enchanté* d'Ernest Bilodeau. Dans ce récit, le diable apparaît sous la forme d'un «wendigo». Wendigos, lutins et sorcières se réunissent pour célébrer l'année nouvelle. Un jeune homme, attaqué par eux, se sauve au moyen d'un violon consacré à sainte Anne.

Une histoire de revenants de Fréchette est illustrée par Massicotte, dans l'*Almanach du peuple* de 1910. Deux étudiants en médecine profitent du soir du jour de l'an 1817 pour aller voler un cadavre dans le cimetière de Château-Richer, afin de le disséquer. Tout va bien jusqu'à minuit, mais au moment où les protagonistes échangent des voeux de bonne année, le mort se mêle aux embrassements. Le dessin de Massicotte nous montre le revenant debout dans la carriole, les bras tendus vers les deux étudiants. Pour mieux distinguer le mort des autres personnages, l'artiste le représente sans visage, prenant par là une liberté évidente par rapport au texte.

Dans *Un fantôme,* un autre récit de Fréchette, il est également question de revenants. L'auteur y raconte une histoire qui se serait déroulée à la Pointe-aux-Anglais, dans le bas Saint-Laurent, là où la flotte de l'Amiral Walker fit naufrage en 1711. Fréchette rapporte les paroles d'un certain William McLennon, inspecteur de marine, qui aurait vécu là une aventure fantastique. Le narrateur raconte comment, à trois

1. Lucienne Lecompte, «Une veillée chez nos ancêtres», *Annuaire Granger pour la jeunesse*, 1927, p. 30-39. Albert Frontenac, «La frayeur d'un neveu», *Annuaire Granger pour la jeunesse*, 1926, p. 57-59. Ernest Bilodeau, «Le violon enchanté», *Almanach Rolland*, 1917, p. 139-147.

Un fantôme, Almanach du peuple, 1910.

*Un fantôme,
Almanach du peuple,
1915.*

reprises, il a pris une vieille souche desséchée pour un revenant. Cet épisode fait l'objet d'un dessin de Massicotte. Très fidèle au texte, il montre William McLennon accroupi, en train de tirer vers lui une bûche, la croix qui marque le lieu d'une sépulture, et l'arbre-fantôme, comme «une grande figure sinistre, avec une longue main blanche, droite et immobile, levée, menaçante de son côté».

On trouve encore quelques dessins de Massicotte sur ce sujet dans une nouvelle de Rodolphe Girard[1] ayant pour prétexte la légende de la Dame Blanche et dans un récit de Lucienne Lecompte intitulé *Une veillée chez nos ancêtres*.

1. Rodolphe Girard, «La Dame Blanche», *Almanach Rolland*, 1922, p. 147. Lucienne Lecompte, «Une veillée chez nos ancêtres», *Annuaire Granger pour la jeunesse*, 1927, p. 39.

*«Un lutin lui tressait
la crinière, la nuit...»,
Almanach du peuple,
1920.*

Dans l'*Almanach du peuple* de 1920, on trouve un croquis de Massicotte montrant un lutin occupé à tresser la crinière d'un cheval, illustration d'un texte de Marius Barbeau, *Les trésors enfouis*. Comme le lutin n'est aucunement décrit dans le récit, le dessinateur avait toute liberté de le représenter à sa manière, et l'image qu'il nous livre de l'étrange créature est probablement personnelle. Il s'agit d'un petit être au long nez et aux longues oreilles, portant la barbe, aux cheveux longs, équipé d'une queue, l'air malicieux. En fait il ne diffère que par la queue et le costume de cet autre lutin, illustrant «Michel Barberousse», conte anonyme publié dans l'*Almanach du peuple* de 1925. Dans cette histoire, celle d'un habitant qui se fait voler vingt-cinq ans de sa vie par les lutins du mont Saint-Hilaire, on trouve une description assez détaillée d'un de ces astucieux petits bonshommes:

> C'était une sorte de petit bonhomme paraissant très âgé, car il avait une barbe grisonnante et une chevelure épaisse et ébouriffée que couronnait un bonnet pointu. Il était vêtu à l'ancienne mode du temps des Français, avec justaucorps et plusieurs hauts-de-chausses superposés et ornés de boutons sur les côtés. Aux genoux il y avait des noeuds de rubans, et ses pieds étaient enfouis en de solides escarpins sur lesquels étaient des boucles d'un métal brillant.

Cette fois le texte laisse peu de place à l'imagination du dessinateur et celui-ci reproduit le plus fidèlement possible la vision de l'auteur.

Trois autres récits légendaires de Louis Fréchette publiés dans l'*Almanach du peuple* sont illustrés par Massicotte, mais ils ne présentent aucun thème appartenant véritablement au monde du folklore oral.

Bien que la production de Massicotte, dans le domaine de l'illustration de contes et de nouvelles, soit

Un lutin et un homme,
Almanach du peuple,
1925.

EDMOND·J·MASSICOTTE

trop mince pour en tirer des règles, il semble que l'artiste cherchait dans la mesure du possible à respecter ses sources littéraires et qu'il ne faisait intervenir sa vision personnelle que lorsque les textes ne lui laissaient aucune autre possibilité.

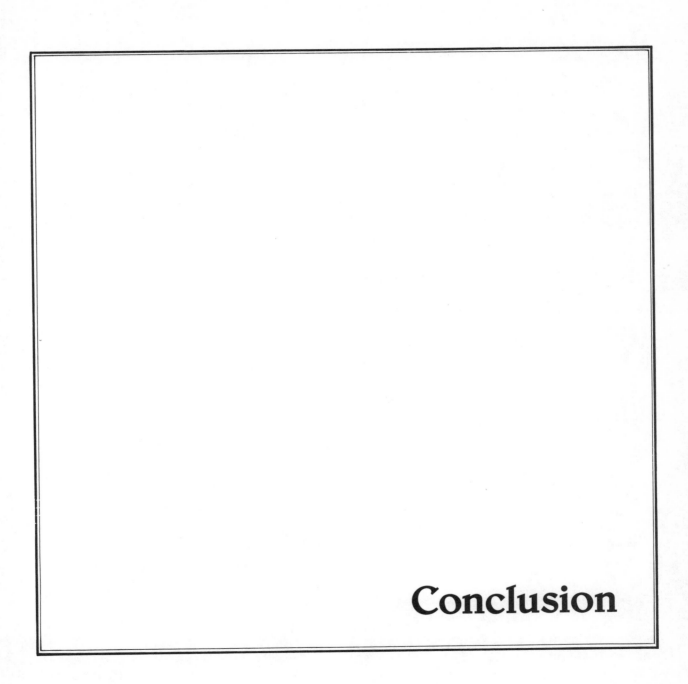

Conclusion

Toute la pensée qui se dégage de l'oeuvre picturale d'Edmond-J. Massicotte peut se résumer en trois mots: agriculture, religion et patrie. Toujours étroitement liés les uns aux autres, ces thèmes constituent en quelque sorte la structure de base de l'ensemble de la production artistique de Massicotte.

Au centre des préoccupations de l'artiste, on trouve une intention assez évidente: la glorification de la vie rurale. Ce que Massicotte veut démontrer par la diversité des sujets relatifs à la vie traditionnelle qu'il exploite et par sa manière de les traiter, c'est l'excellence, la noblesse et la douceur de la vie à la campagne.

En assurant la pureté des moeurs, la paix du foyer et la fidélité à la religion dans l'ordre et le travail, la vie à la campagne offre des garanties morales et religieuses, des garanties de bonheur. Toutes les scènes de la vie quotidienne du paysan que l'artiste a représentées dans ses tableaux, n'ont d'autre objet que de nous convaincre que la vie champêtre est un idéal à poursuivre.

C'est pourquoi les sujets, les thèmes étudiés par lui, tournent tous autour d'une activité principale qui dirige et commande toutes les autres: l'agriculture.

Quant à la religion et à la patrie, elles sont, dans la vision que Massicotte a du monde, davantage que de simples thèmes à traiter à l'intérieur d'un cadre bien organisé. Il s'agit plutôt d'une toile de fond: du berceau à la tombe, dans la vie quotidienne comme aux jours de fête, les scènes de la vie traditionnelle que Massicotte a illustrées sont toujours empreintes d'un fort sentiment religieux et patriotique et elles sont un témoignage de l'attachement profond de leur auteur pour ces valeurs.

En cela l'oeuvre de Massicotte prolonge une idéologie, mise de l'avant par des intellectuels, écrivains, poètes, politiciens, ou membres du clergé qui, s'appuyant sur les structures traditionnelles du Canada français, prônaient la vocation agricole du Québec. Qu'on songe, par exemple, à tous les écrivains et poètes du terroir qui, comme Adjutor Rivard, le frère Marie-Victorin, Blanche Lamontagne-Beauregard et Nérée Beauchemin, continuent la tradition paysanne inaugurée par Gérin-Lajoie vers 1860. Tous ces auteurs s'enthousiasmaient pour le labeur des champs, chantaient les valeurs de la terre et de l'Église avec une emphase mal retenue. Il n'est pas étonnant que Massicotte, dont les origines paysannes et l'éducation préparaient à partager de telles idées, en ait subi l'influence et qu'il ait donné à ses propres rêves une expression qui n'est point sans emphase elle-même, contribuant ainsi à créer ce «mythe agricole» auquel une bonne partie de la société canadienne-française se sentira liée.

Cela signifie-t-il que l'artiste n'aura été qu'un instrument au service d'une pensée mise de l'avant par d'autres? Il est un fait certain: l'idéologie que révèle son oeuvre n'est pas particulièrement originale. Toutefois, nous ne pouvons dire que Massicotte n'a été qu'un exécutant. Il se trouve simplement que ses propres aspirations correspondaient à une mentalité assez répandue dans une certaine société, composée surtout de conservateurs. Massicotte partageait les idées et les convictions de ces groupes et l'orientation qu'il a donnée à son oeuvre semble davantage correspondre à une forme d'engagement, qu'à un hasard voulu par les impondérables d'une carrière d'illustrateur.

Edmond-J. Massicotte n'est pas le premier illustrateur à avoir pris les thèmes du terroir pour source d'inspiration, mais il est peut-être le premier à avoir voulu donner à l'ensemble de sa production une pensée cohérente, capable d'ailleurs de toucher le peuple bien plus que les belles phrases des orateurs ou des écrivains de l'époque. Et il a un autre mérite, celui de s'être adressé d'abord au peuple, à ceux qui, souvent, ne savent lire que les images. Illustrateur des traditions populaires, Edmond-J. Massicotte l'est pour plus d'une raison, mais surtout parce que son oeuvre apparaît comme une espèce d'abrégé des usages et des coutumes du peuple canadien-français, à la fin du siècle dernier, et parce qu'il a su rejoindre un public très large.

Au terme de cette étude, il est un autre aspect de la problématique posée par l'oeuvre de l'illustrateur auquel il convient de répondre. L'intention moralisatrice des tableaux de Massicotte, toujours apparente et souvent responsable de l'atmosphère romantique qui s'en dégage, vient-elle diminuer leur valeur documentaire? Faut-il en conclure que les dessins de l'artiste sont fantaisistes et peu dignes d'intérêt?

Nous savons à quel point l'artiste pouvait être minutieux dans l'exécution de ses dessins, qui étaient le plus souvent l'aboutissement de longues et patientes recherches, pour ne plus avoir à soulever la question de la vérité historique. Massicotte est le témoin valable d'une époque qu'il a tenté de décrire le plus exactement possible. Cependant, tout témoignage, même honnête, a ses limites; il s'agit de la vision forcément subjective d'un individu. Dit-on d'un témoignage oral qu'il est sans valeur lorsque l'informateur colore ses informations de ses impressions personnelles?

La personnalité de l'artiste est certes apparente à travers son oeuvre, mais nous pouvons conclure que sa vision, parfois nostalgique, de la vie traditionnelle est loin de manquer d'intérêt. Les renseignements qu'on peut y trouver sont considérables et leur authenticité est garantie par la démarche scientifique qui animait Massicotte dans l'exécution de chacun de ses dessins. Quant à l'ensemble de sa production, on y voit le reflet d'une mentalité très significative dans le contexte historique: la pensée très conservatrice d'un nombre important d'intellectuels et de notables au début du siècle.

Catalogue
des dessins
inventoriés

La présentation des dessins relevés à travers les journaux, les revues, ou les volumes tient compte des grandes étapes de la carrière du dessinateur. Elle suit donc l'ordre chronologique de publication de ces dessins.

Les titres en italique sont ceux qui ont été donnés aux illustrations par l'auteur lui-même ou par son éditeur. Les titres en caractères réguliers sont de nous; ils décrivent le sujet représenté, de manière à faciliter la consultation de ce répertoire.

Massicotte signait presque toujours ses dessins. Il nous a donc semblé inutile de le préciser pour chacune des illustrations citées. La mention «non signée» suivra celles qui ne le sont pas.

LE MONDE ILLUSTRÉ

1. *Le Glaneur*, illustration pour un poème de É.-Z. Massicotte, intitulé *Le Glaneur*, 15 octobre 1892, p. 278.

2. La maison de charité de Sainte-Cunégonde, 18 février 1893, p. 494.

3. *Le porteur d'eau*, 11 mars 1893, p. 535.

4. Les héros de la Nouvelle-France, illustrations pour un texte de É.-Z. Massicotte intitulé *Les héros de la Nouvelle-France*, 15 avril 1893, page couverture.

5. La neige, illustration pour un poème de É.-Z. Massicotte intitulé *La Neige*, 25 novembre 1893, p. 351.

6. *Victoire de 1894*, 30 décembre 1893, page couverture.

7. Une soirée de gala, illustration pour un texte de Joseph Genest, intitulé *Soirée de gala, fantaisie*, 7 avril 1894.

8. Une soirée de gala, illustration pour un texte de Joseph Genest intitulé *Soirée de gala, fantaisie*, 14 avril 1894.

9. Une soirée de gala, illustration pour un texte de Joseph Genest intitulé *Soirée de gala, fantaisie*, 21 avril 1894.

10. Chicorée sauvage, illustration pour un texte de É.-Z. Massicotte intitulé *Nos fleurs canadiennes*, 30 juillet 1893.

11. Médaillon représentant Edmond-Joseph et Édouard-Zotique Massicotte, illustration pour un texte de Joseph Genest paru dans la section *bibliographie*, 19 mai 1894, p. 29.

12. *Théorie de l'évolution*, 19 mai 1894.

13. *Faisceaux d'armes*, 23 juin 1894, p. 8.

14. *Une arrestation*, 23 juin 1894, p. 8.

15. *Le Palais de Justice*, 23 juin 1894, p. 8.

16. *Dans les poteaux de la lumière électrique*, 23 juin 1894, p. 8.

17. *Montréal à travers nos rues*, 30 juin 1894, page couverture.

18. *... des jambes et des pieds*, 7 juillet 1894, p. 117.

19. *Théorie de l'évolution*, 28 juillet 1894, p. 153.

20. *Statue d'Iberville,* 4 août 1894, page couverture.

21. *L'église de Saint-Laurent,* 4 août 1894, p. 160.

22. *G.M. Pullman,* 4 août 1894, p. 162.

23. *Le Général N.A. Miles,* 4 août 1894, p. 162.

24. *La grande grève des chemins de fer aux États-Unis,* 4 août 1894, p. 162.

25. Un diable, 11 août 1894, p. 179.

26. Montréal, principaux incidents de la semaine du 18 au 25 août, 8 septembre 1894, page couverture.

27. Montréal, principaux incidents de la semaine du 25 août au 8 septembre, 15 septembre 1894, page couverture.

28. Montréal, principaux incidents de la semaine du 8 au 15 septembre, 22 septembre 1894, page couverture.

29. Montréal, principaux incidents de la semaine du 15 au 22 septembre, 29 septembre 1894, page couverture.

30. Montréal, principaux incidents de la quinzaine, 28 octobre 1894, page couverture.

31. *Saint-Henri — M. Deguise foudroyé par l'électricité,* 27 octobre 1894, p. 89.

32. *Le catafalque au Gesu*, 17 novembre 1894.

33. *Incidents pendant le bazar à Sainte-Cunégonde,* 1er décembre 1894, p. 370.

34. *Noël en Canada. — Le retour de la messe de Minuit,* 22 décembre 1894, p. 400.

35. *La petite mendiante, conte de Noël,* illustration pour un conte de Pierre Bédard intitulé *La petite mendiante,* 22 décembre 1894, p. 401.

36. Un homme et une mendiante, illustration pour le même conte, 22 décembre 1894, p. 401.

37. Une mendiante, illustration pour le même conte, 22 décembre 1894, p. 401.

38. La nouvelle année, 29 décembre 1894, page couverture.

39. *Tragédie de Valleyfield,* 16 mars 1895, page couverture.

40. Trois femmes, illustration pour une nouvelle d'Henriette Bezançon intitulée *Grand-mère,* 16 février 1895, p. 500.

41. Peloton d'exécution, illustration pour une nouvelle signée Arthur et intitulée *Le Destin,* 9 février 1895, p. 488.

42. *Le Destin*, illustration pour la même nouvelle, 9 février 1895, p. 488.

43. *Montréal en hiver,* 30 mars 1895, page couverture.

44. Lutins, 13 avril 1895, p. 599.

45. *Le dernier exploit de l'ours noir,* illustration pour une nouvelle d'Édouard Cabrette intitulée *Le dernier exploit de l'ours noir, épisode de la vie d'un colon,* 20 avril 1895, p. 604.

46. Des colons, illustration pour la même nouvelle, 20 avril 1895, p. 604.

47. Type de colons, illustration pour la même nouvelle, 20 avril 1895, p. 605.

48. *Le dernier exploit de l'ours noir,* illustration pour la même nouvelle, 27 avril 1895, p. 620.

49. Canotiers, illustration pour la même nouvelle, 27 avril 1895, p. 620.

50. Groupe de chasseurs, illustration pour la même nouvelle, 27 avril 1895, p. 621.

51. *Dans le monde du bicycle,* 20 juillet 1895, page couverture.

52. *Le départ pour la plage,* 20 juillet 1895, p. 158.

53. Montréal, incendie des scieries Mona, 24 août 1895, p. 242.

54. Jeune femme, 14 septembre 1895, p. 285.

55. *Automne,* 26 octobre 1895, p. 383.

56. *La fête de la Toussaint — La légende des Morts,* 2 novembre 1895, p. 400.

57. *Le bizon rouge,* illustration pour une nouvelle de Firmin Picard intitulée *Le bizon rouge,* 9 novembre 1895, p. 412.

58. Indiens, illustration pour la même nouvelle, 16 novembre 1895, p. 428.

59. Indien, illustration pour la même nouvelle, 16 novembre 1895, p. 429.

60. Amoureux, illustration pour une nouvelle de Yves de Montègne intitulée *Méprise,* 7 décembre 1895, p. 477.

61. *A la campagne, scènes du jour de l'An canadien,* 4 janvier 1896, p. 545.

62. *Les aventures de Nicolas Martin,* illustration pour une nouvelle de Régis Roy intitulée *Les aventures de Nicolas Martin*, 25 janvier 1896, p. 588.

63. *L'hôtel du broc d'argent*, illustration pour la même nouvelle, 25 janvier 1896, p. 588.

64. Personnages assis près d'un âtre, illustration pour la même nouvelle, 25 janvier 1896, p. 589.

65. Personnages assis, illustration pour la même nouvelle, 1er février 1896, p. 604.

66. Deux personnages en traîneau à bâtons, illustration pour la même nouvelle, 1er février 1896, p. 605.

67. Jeune homme, illustration pour la même nouvelle, 8 février 1896, p. 620.

68. Jeune fille, illustration pour la même nouvelle, 8 février 1896, p. 620.

69. Jeunes gens, illustration pour la même nouvelle, 8 février 1896, p. 621.

70. Indien et chasseurs, illustration pour la même nouvelle, 8 février 1896, p. 621.

71. Indiens, illustration pour la même nouvelle, 15 février 1896, p. 636.

72. Jeune homme assis, illustration pour la même nouvelle, 15 février 1896, p. 636.

73. Défilé militaire, illustration pour la même nouvelle, 15 février 1896, p. 652.

74. Canotiers, illustration pour la même nouvelle, 22 février 1896, p. 652.

75. Réveillon d'un prisonnier sur un navire, illustration pour la même nouvelle, 29 février 1896, p. 668.

76. Jeune femme blessée, illustration pour la même nouvelle, 14 mars 1896, p. 700.

77. Une femme et un homme dans un intérieur, illustration pour la même nouvelle, 14 mars 1896, p. 700.

78. *37-38*, illustration pour une nouvelle d'Eugène Moisan intitulée *37-38*, 25 avril 1896, p. 826.

79. Un patriote, illustration pour la même nouvelle, 25 avril 1896, p. 826.

80. Amoureux, illustration pour la même nouvelle, 25 avril 1896, p. 827.

81. Baigneuses, 15 août 1896, p. 248.

82. Un homme et une petite fille en forêt, illustration pour une nouvelle de Pierre Bédard intitulée *Perdue dans la forêt*, 26 septembre 1896, p. 340.

83. Un homme, une femme et une petite fille dans un intérieur, illustration pour la même nouvelle, 26 septembre 1896, p. 341.

84. *La catastrophe de la rue St-Pierre*, 31 octobre 1896, p. 423.

85. Une femme, illustration pour une nouvelle signée Émile B., intitulée *Le chemin du coeur*, 26 décembre 1896, p. 548.

86. Un homme et une femme, illustration pour la même nouvelle, 26 décembre 1896, p. 549.

87. Noël, 26 décembre 1896, p. 549.

88. *La première de bébé*, 26 décembre 1896, p. 553.

89. *Le rêve de bébé*, 2 janvier 1897, p. 566.

90. Personnages devant l'âtre, illustration pour une nouvelle d'Alphonse de Calonne intitulée *Mariette*, 16 janvier 1897, p. 596.

91. Une bataille, illustration pour la même nouvelle, 16 janvier 1897, p. 596.

92. Deux personnages, illustration pour la même nouvelle, 16 janvier 1897, p. 597.

93. *Les funérailles de Mgr Fabre*, 16 janvier 1897, p. 602.

94. Personnages assis devant l'âtre, illustration pour une nouvelle de Paul Rouget intitulée *Pèlerinage d'amour*, 20 février 1897, p. 676.

95. Amoureux, illustration pour la même nouvelle, 20 février 1897, p. 677.

96. Un camp, illustration pour une nouvelle du Dr Eugène Dick intitulée *Un drame au Labrador*, 6 mars 1897, p. 715.

97. Indien attaqué par un ours, illustration pour la même nouvelle, 6 mars 1897, p. 716.

98. Trois personnages et un ours, illustration pour la même nouvelle, 13 mars 1897, p. 731.

99. Trois personnages dans un yacht à voiles, illustration pour la même nouvelle, 20 mars 1897, p. 748.

100. Une conversation, illustration pour la même nouvelle, 3 avril 1897, p. 764.

101. Personnages autour d'une table, illustration pour la même nouvelle, 3 avril 1897, p. 779.

102. Quatre personnages, illustration pour la même nouvelle, 3 avril 1897, p. 780.

103. Scène de chasse, illustration pour la même nouvelle, 10 avril 1897, p. 795.

104. Scène de chasse, illustration pour la même nouvelle, 10 avril 1897, p. 796.

105. Jeunes gens, illustration pour la même nouvelle, 17 avril 1897, p. 813.

106. Deux personnages, illustration pour la même nouvelle, 29 avril 1897, p. 827.

107. Personnages en chaloupe, illustration pour la même nouvelle, 29 avril 1897, p. 828.

108. Quatre personnages, illustration pour la même nouvelle, 1er mai 1897, p. 12.

109. Un personnage, illustration pour la même nouvelle, 1er mai 1897, p. 13.

110. Un chasseur, illustration pour la même nouvelle, 8 mai 1897, p. 28.

111. Deux marins, illustration pour la même nouvelle, 15 mai 1897, p. 44.

112. Un personnage, illustration pour la même nouvelle, 22 mai 1897, p. 60.

113. Personnage projeté sur la rive par une vague, illustration pour la même nouvelle, 29 mai 1897, p. 60.

114. Une femme sur le rivage et un enfant dans une barque, illustration pour la même nouvelle, 5 juin 1897, p. 92.

115. Deux femmes et un homme sur le bord de la mer, illustration pour la même nouvelle, 12 juin 1897, p. 108.

116. Marins, illustration pour la même nouvelle, 26 juin 1897, p. 140.

117. Un vieillard et un jeune homme, illustration pour la même nouvelle, 3 juillet 1897, p. 156.

118. Jeune homme portant une femme dans ses bras, illustration pour la même nouvelle, 10 juillet 1897, p. 172.

119. Quatre personnages dont un prêtre, illustration pour la même nouvelle, 17 juillet 1897, p. 188.

120. Wilfrid Laurier faisant un discours sur le champs de Mars, 11 septembre 1897, p. 314.

121. Patriote tué par une balle ennemie, illustration pour une nouvelle de Firmin Picard intitulée *Le prix du sang*, 20 novembre 1897.

122. Un homme en colère contre sa femme, illustration pour la même nouvelle, 27 novembre 1897, p. 484.

123. Deux personnages, un vieillard et un prêtre assis devant l'âtre, 11 décembre 1897, p. 516.

124. Un dîner en famille servi par des anges, 1er janvier 1898, p. 569.

125. Cinq personnages, 5 février 1898, p. 644.

126. Traîneau à bâtons tiré par un attelage de boeufs, illustration pour une nouvelle de Firmin Picard intitulée *Pour la cloche qui pleure*, 22 janvier 1898, p. 613.

127. Deux personnages, illustration pour une nouvelle de Firmin Picard intitulée *Le cadavre du lac*, 29 janvier 1898, p. 628.

128. *Sir Wilfrid Laurier*, caricature, 19 février 1898, p. 678.

129. *L'honorable M. Foster*, caricature, 26 février 1898, p. 694.

130. *Sir Oliver Mowat*, caricature, 5 mars 1898, p. 710.

131. *La Saint-Hubert*, illustration pour un texte de Jules Lanos intitulé *La Saint-Hubert*, 12 mars 1898, p. 724.

132. Groupe de chasseurs, illustration pour le même texte, 12 mars 1898, p. 725.

133. *Son Honneur le Maire Préfontaine*, caricature, 12 mars 1898, p. 727.

134. Personnage tombant dans l'eau, illustration pour un conte de Louis Fréchette intitulé *Les mangeurs de grenouilles*, 19 mars 1898, p. 742.

135. Trois personnages dont un prêtre, illustration pour le même conte, 19 mars 1989, p 743.

136. Cinq personnages, illustration pour un conte de Louis Fréchette intitulé *Les fiancés du hasard*, 2 avril 1898, p. 773.

137. Personnages, illustration pour un conte de Louis Fréchette intitulé *La maison hantée*, 23 avril 1898, p. 822.

138. La marguerite, illustration pour un texte de É.-Z. Massicotte intitulé *Nos fleurs canadiennes*, 6 août 1898, p. 215.

139. L'oignon sauvage, illustration pour *Nos fleurs canadiennes*, 20 août 1898, p. 245.

140. La bernudienne, illustration pour *Nos fleurs canadiennes*, 3 septembre 1898, p. 275.

141. Violettes, deux illustrations pour *Nos fleurs canadiennes*, 1er octobre 1898, p. 341.

142. M. Charles Beauchesne, premier colon de Saint-Christophe d'Arthabaska, 1er octobre 1898, p. 343.

143. L'iris des champs, illustration pour *Nos fleurs canadiennes*, 10 décembre 1898, p. 502.

144. La rudbeckie, illustration pour *Nos fleurs canadiennes*, 17 décembre 1898, p. 522.

145. Trois canadiens, illustration pour une nouvelle intitulée *Rosalba ou les deux amours*, 31 décembre 1898, p. 556.

146. La renouée, illustration pour *Nos fleurs canadiennes*, 7 janvier 1899, p. 565.

147. Jeune couple, illustration pour *Rosalba ou les deux amours*, 7 janvier 1899, p. 572.

148. Le gaillet, illustration pour *Nos fleurs canadiennes*, 14 février 1899, p. 586.

149. Jeune couple, illustration pour *Rosalba ou les deux amours*, 19 janvier 1899, p. 588.

150. Trois personnages, illustration pour la même nouvelle, 21 janvier 1899, p. 604.

151. Monotrope, illustration pour *Nos fleurs canadiennes*, 4 février 1899, p. 630. (non signée)

152. Deux personnages dont un militaire, illustration pour *Rosalba ou les deux amours*, 4 février 1899, p. 636.

153. Le trèfle ordinaire, illustration pour *Nos fleurs canadiennes*, 18 février 1899, p. 667.

154. Un mariage dans une chambre d'hôpital, illustration pour *Rosalba ou les deux amours*, 18 février 1899, p. 668.

155. La besce, illustration pour *Nos fleurs canadiennes*, 4 mars 1899, p. 695.

156. Les mélilots-trèfles, illustration pour *Nos fleurs canadiennes*, 11 mars 1899, p. 711.

157. Le liseron, illustration pour *Nos fleurs canadiennes*, 18 mars 1899, p. 731.

158. Le fraisier du Canada, illustration pour *Nos fleurs canadiennes*, 1er avril 1899, p. 757.

159. L'érable, illustration pour *Nos fleurs canadiennes*, 8 avril 1899, p. 779. (non signée)

160. Les lilas, illustration pour *Nos fleurs canadiennes*, 15 avril 1899, p. 789.

161. La trientale, illustration pour *Nos fleurs canadiennes*, 22 avril 1899, p. 810.

162. Le chêne, illustration pour *Nos fleurs canadiennes*, 29 avril 1899, p. 822.

163. La brunelle, illustration pour *Nos fleurs canadiennes*, 13 mai 1899, p. 21.

164. Le cotonnier ou asclepiade, illustration pour *Nos fleurs canadiennes*, 10 juin 1899, p. 8.

165. La quenouille, illustration pour *Nos fleurs canadiennes*, 24 juin 1899, p. 122.

166. Hédyotis, illustration pour *Nos fleurs canadiennes*, 4 novembre 1899, p. 471.

167. Aubépines ou senelliers, illustration pour *Nos fleurs canadiennes*, 9 décembre 1899, p. 503.

168. Portraits de Louis Fréchette, P. de Gaspé père, P. de Gaspé fils, Wilfrid Larose, A. Beaugrand, Faucher de Saint-Maurice, Alphonse Poitras, Louvigny de Montigny, Françoise, J.-C. Taché, pour un texte de É.-Z. Massicotte intitulé *Nos conteurs canadiens*, 6 janvier 1900, p. 580.

169. La kalmia ou pétrole, illustration pour *Nos fleurs canadiennes*, 20 janvier 1900, p. 613. (non signée)

170. Personnages, deux illustrations pour un texte intitulé *Le manteau merveilleux*, 20 janvier 1900, p. 614.

171. La claytorie, illustration pour *Nos fleurs canadiennes*, 3 mars 1900, p. 711. (non signée)

172. Le nénuphar d'Amérique, illustration pour *Nos fleurs canadiennes*, 24 mars 1900, p. 763. (non signée)

173. Le pommier, deux illustrations pour *Nos fleurs canadiennes*, 21 avril 1900, p. 827.

174. Le rosier et l'églantier, deux illustrations pour *Nos fleurs canadiennes*, 28 avril 1900, p. 843.

175. *Au foyer domestique*, 5 mars 1900, page couverture.

176. Les cypripèdes, illustration pour *Nos fleurs canadiennes*, 5 mai 1900, p. 12. (non signée)

177. Le muguet, illustration pour *Nos fleurs canadiennes*, 19 mai 1900, p. 43. (non signée)

178. Trille penchée et trille à fruit rouge, illustration pour *Nos fleurs canadiennes*, 26 mai 1900, p. 60. (non signée)

179. Jeune homme en costume de ville, illustration pour une nouvelle de

Wilfrid Larose, intitulée *Entre deux quadrilles*, 2 juin 1900, p. 76.

180. Trois personnages dans un intérieur, illustration pour la même nouvelle, 2 juin 1900, p. 76.

181. Deux enfants, illustration pour la même nouvelle, 2 juin 1900, p. 77.

182. Le sarrasin, illustration pour *Nos fleurs canadiennes*, 9 juin 1900, p. 93. (non signée)

183. Le plantain, illustration pour *Nos fleurs canadiennes*, 16 juin 1900, p. 106. (non signée)

184. La sagittaire, illustration pour *Nos fleurs canadiennes*, 23 juin 1900, p. 122. (non signée)

185. La semaine illustrée, 23 juin 1900, p. 121.

186. *Un type d'autrefois*, 30 juin 1900, p. 140.

187. Le plantain d'eau, illustration pour *Nos fleurs canadiennes*, 7 juillet 1900, p. 154. (non signée)

188. La vigne sauvage, illustration pour *Nos fleurs canadiennes*, 14 juillet 1900, p. 171. (non signée)

189. *Louis-Joseph Papineau,* 28 juillet 1900, page couverture.

190. Les pins, illustration pour *Nos fleurs canadiennes*, 4 août 1900. (non signée)

191. *Jeanne Mance*, 4 août 1900, p. 217.

192. *Mgr. Louis-François Laflèche*, 11 août 1900, page couverture.

193. Les sapins, trois illustrations pour *Nos fleurs canadiennes*, 11 août 1900, p. 230. (non signées)

194. *Faucher de Saint-Maurice*, 18 août 1900, page couverture.

195. *Samuel de Champlain*, 25 août 1900, page couverture.

196. La pruche, deux illustrations pour *Nos fleurs canadiennes*, 25 août 1900, p. 262. (non signées)

197. *Excursion au clair de la lune de la garde Ville-Marie*, 25 août 1900, p. 264.

198. *Georges-Étienne Cartier*, 1er septembre 1900, page couverture.

199. L'épinette rouge, illustration pour *Nos fleurs canadiennes*, 8 septembre 1900, p. 295. (non signée)

200. *Marie-Madeleine de Verchères*, 8 septembre 1900, p. 298.

201. *Alphonse Lusignan*, 22 septembre 1900, page couverture.

202. L'euphorbe réveille-matin, illustration pour *Nos fleurs canadiennes*, 29 septembre 1900, p. 343. (non signée)

203. *Le Marquis de Montcalm*, 6 octobre 1900, page couverture.

204. *Sir Wilfrid Laurier*, 20 octobre 1900, p. 392.

205. *Sir Charles Tupper*, 20 octobre 1900, p. 393.

206. *Honoré Mercier*, 27 octobre 1900, page couverture.

207. *La nature en deuil*, 3 novembre 1900, page couverture.

208. *Antoine Gérin-Lajoie*, 3 novembre 1900, p. 424.

209. *Oscar Dunn*, 17 novembre 1900, page couverture.

210. Une vieille femme, illustration pour une légende de Charles-Marie Ducharme intitulée *A la Sainte-Catherine*, 17 novembre 1900, p. 468.

211. Un fantôme, illustration pour la même légende, 17 novembre 1900, p. 468.

212. Le diable, illustration pour la même légende, 17 novembre 1900, p. 469.

213. Le saponaire, illustration pour *Nos fleurs canadiennes,* 1er décembre 1900, p. 490. (non signée)

214. *Joseph Adolphe Chapleau*, 8 décembre 1900, p. 505.

215. L'ancolie du Canada, illustration pour *Nos fleurs canadiennes*, 20 décembre 1900, p. 559. (non signée)

216. Le réveillon de Noël, un retardataire, 22 décembre 1900, p. 533.

217. *La Nouvelle Année*, 5 janvier 1901, page couverture.

218. *Abbé Léon Provencher*, 19 janvier 1901, p. 613.

219. *Sa Majesté Édouard VII*, 9 février 1901, page couverture.

220. Anecdotes canadiennes, deux personnages, 9 février 1901, p. 658.

221. *F.-X.-A. Trudel*, 16 février 1901, p. 707.

222. *Frantz Jehin-Prume*, 9 mars 1901, p. 754.

223. *La mi-carême au «Montagnard»*, 30 mars 1901, p. 802.

224. *Abbé J.-B.-A. Ferland*, 30 mars 1901, p. 803.

225. Femme entourée de lys, 6 avril 1901, page couverture.

226. *Une fileuse*, 13 avril 1901, p. 834.

227. Sumac vénéneux, illustration pour *Nos fleurs canadiennes*, 20 avril 1901, p. 847. (non signée)

228. Dominique Ducharme, 27 avril 1901, p. 866.

229. Sumac amarante, illustration pour *Nos fleurs canadiennes*, 11 mai 1901, p. 23. (non signée)

230. *François-Xavier Garneau*, 25 mai 1901, p. 57.

231. *J.J. Ross*, 1er juin 1901, p. 173.

232. Le thuya, illustration pour *Nos fleurs canadiennes*, 8 juin 1901, p. 85. (non signée)

233. *Octave Crémazie*, 8 juin 1901, p. 88.

234. La galane, illustration pour *Nos fleurs canadiennes*, 22 juin 1901, p. 123. (non signée)

235. *Sir Wilfrid Laurier*, 21 septembre 1901, p. 323.

236. La réception ducale à Montréal, 5 octobre 1901, p. 359.

237. *Un conteur d'aujourd'hui*, 4 janvier 1902, p. 612.

L'ALBUM UNIVERSEL

238. *Les Sucres*, 18 avril 1903, page couverture.

239. *Le vieux canadien*, 16 mai 1903, p. 51.

240. *En attendant la malle dans un bureau de poste à la campagne*, 4 juillet 1903, p. 229.

241. *La fenaison au Canada*, 22 août 1903, p. 377.

242. *Les travaux de jadis*, 10 octobre 1903, p. 519.

243. *70e anniversaire de la Saint-Jean-Baptiste*, 25 juin 1904, p. 145.

LE PASSE-TEMPS

244. *M. Arthur Duriceu*, 7 septembre 1895, p. 227.

245. *Madame Perrier*, 20 septembre 1895, page couverture.

246. *M. Ferdinand Déo*, 5 octobre 1895, p. 259.

247. *Ernest Lavigne*, 2 mai 1896, page couverture.

248. Scènes du Parc Sohmer, 2 mai 1896, pp. 104-105.

249. Aveu d'amour, trois illustrations pour la nouvelle de Daniel Riche intitulée *Aveu d'amour*, 2 mai 1896, pp. 118-119.

250. *Les petits oiseaux*, dans le Supplément illustré au *Passe-temps*, 18 février 1899.

251. *Les crochets du Père Martin*, dans le Supplément illustré au *Passe-temps*, 4 mars 1899.

252. «*Les Boulinard*», *Scène de la Présentation*, dans le Supplément illustré au *Passe-temps*, 18 mars 1899.

253. *La justice de Dieu*, dans le Supplément au *Passe-temps*, 1er avril 1899.

254. *Le chameau à trois bosses*, dans le Supplément illustré au *Passe-temps*, 15 avril 1899.

255. *La poudre aux yeux,* dans le Supplément illustré au *Passe-temps*, 29 avril 1899.

256. *Les deux orphelins*, dans le Supplément illustré au *Passe-temps*, 13 mai 1899.

257. *Quelques attractions*, 27 mai 1899, p. 129.

258. *Le gentilhomme pauvre*, 10 juin 1899, p. 153.

259. *La belle Hélène*, 24 juin 1899, p. 177.

260. L'orchestre hongrois au parc Sohmer, 8 juillet 1899, p. 201.

261. *Le délégué Coquardeau*, 22 juillet 1899, p. 225.

262. *Le ballet oriental*, 5 août 1899, p. 249.

263. *Quelques artistes dans leur répertoire*, 19 août 1899, p. 271.

264. *Un trio dans le ballet japonais*, 2 septembre 1899, p. 297.

265. *La prière des naufragés*, 16 septembre 1899, p. 321.

266. *Les deux sourds*, 14 octobre 1899, p. 389.

267. *Michel Strogoff*, 28 octobre 1899, p. 391.

268. *La clarinette*, 11 novembre 1899, p. 417.

269. *La marraine de Charley*, 25 novembre 1899, p. 441.

270. *Les bohémiens de Paris*, 9 décembre 1899, p. 461.

271. *Le forgeron de Châteaudun*, 20 janvier 1900, p. 537.

272. Père Noël, 23 décembre 1899, p. 489.

273. *L'escamoteur*, 3 février 1900, page couverture.

274. *Le fils de la nuit*, 17 février 1900, p. 25.

275. *Otez votre fille s.v.p.*, 3 mars 1900, p. 48.

276. *Une cause célèbre*, 17 mars 1900, p. 93.

277. *Maître corbeau*, 31 mars 1900, p. 97.

278. *Fantaisie sur Pâques*, 14 avril 1900, page couverture.

279. *Paul Kauvar*, 28 avril 1900, p. 145.

280. *La voleuse d'enfants*, 12 mai 1900, p. 169.

281. *Frantz Jehin-Prume*, 8 juin 1901, page couverture.

282. *Le Père Baptiste*, 15 février 1902, page couverture.

283. Le faucheur, 15 mars 1902, page couverture.

284. *M. Victor Nadeau*, 29 mars 1902, page couverture.

285. Un petit porteur d'eau, 24 mai 1902, page couverture.

286. *Octave Crémazie*, 19 décembre 1903, page couverture.

287. *La Saint-Jean-Baptiste*, 18 juin 1904, page couverture.

288. Garneau, 18 juin 1904, p. 82.

289. Crémazie, 18 juin 1904, p. 83.

290. Papineau, 18 juin 1904, p. 84.

291. *Mlle de Verchères*, 18 juin 1904, p. 93.

292. Une fileuse canadienne, 18 juin 1904, p. 94.

293. Type de jeune canadienne, 29 juillet 1905, page couverture.

294. *Un audacieux*, 21 octobre 1905, page couverture.

295. *Les Morts*, illustration pour un poème d'Adolphe Poisson intitulé *Les Morts*, 4 novembre 1905, page couverture.

296. Jeune femme agenouillée près d'un berceau, illustration pour un poème de Louis Fréchette intitulé *Messe de Minuit*, 16 décembre 1905, page couverture.

297. *Octave Crémazie*, illustration pour un poème d'Octave Crémazie intitulé *Le Canada*, 16 juin 1906, page couverture.

298. Deux marcheurs, illustration pour un poème de Louis-Joseph Doucet intitulé *Ballade des Noëls d'Antan*, 15 décembre 1906, page couverture.

299. Un camelot, 29 décembre 1906, page couverture.

300. *Champlain*, 29 juin 1907, page couverture.

301. *Raquetteurs*, 25 janvier 1908, page couverture.

302. *Fantaisies sur Pâques*, 18 avril 1908, page couverture.

303. *Regrets*, illustration pour un poème de Louis-Joseph Doucet intitulé *Regrets*, 13 juin 1908, page couverture.

304. *La France sur nos bords*, 11 juillet 1908, page couverture.

305. *Vive le gai carnaval 1909*, 6 février 1909, page couverture.

306. *Venez Divin Messie!*, 24 décembre 1910, page couverture.

LE CANARD

307. *Home Sweet Home*, 28 août 1896, page couverture.

308. *Lunette d'approche*, 28 août 1896, p. 5.

309. *Better terms*, 28 novembre 1896, page couverture.

310. *Les Rouges et le règlement*, 5 décembre 1896, page couverture.

311. *Les Bleus et le règlement*, 5 décembre 1896, p. 5.

312. *Le règlement*, 12 décembre 1896, page couverture.

313. *Fort à fort*, 12 décembre 1896, page couverture.

314. *La commission du tarif*, 19 décembre 1896, page couverture.

315. *La prochaine bataille*, 19 décembre 1896, p. 5.

316. *Nos échevins à Québec*, 26 décembre 1896, page couverture.

317. *Christmas Box*, 26 décembre 1896, p. 5.

318. *La chasse aux millions*, 2 janvier 1897, page couverture.

319. Des enfants et leurs cadeaux, illustration pour un texte intitulé *Fable modernisée*, 2 janvier 1897, p. 3.

320. *Gare à vous*, 2 janvier 1897, p. 5.

321. *Dur d'entendement*, 9 janvier 1897, p. 5.

322. *Bâtons dans la roue*, 9 janvier 1897, p. 7.

323. Laurier et Cartwright, 23 janvier 1897, page couverture.

324. *Pas de chance*, 23 janvier 1897, p. 3.

325. *Un passage dangeureux*, 30 janvier 1897, page couverture.

326. *Devinette*, 30 janvier 1897, p. 5.

327. *Concours de club*, 13 février 1897, p. 5.

328. *Il se lance dans la lutte*, 20 février 1897, page couverture.

329. *Les inconvénients de la grosseur*, 20 février 1897, p. 5.

330. *En visite*, 20 février 1897, p. 7.

331. *Innocents Abroad*, 27 février 1897, page couverture.

332. *Le retour*, 27 février 1897, p. 5.

333. *L'inspection de l'horizon*, 6 mars 1897, page couverture.

334. *Pas d'ablégat*, 6 mars 1897, p. 5.

335. *Tour de force*, 13 mars 1897, page couverture.

336. *In Memoriam*, 13 mars 1897, p. 5.

337. *L'embarras du choix*, 20 mars 1897, page couverture.

338. *Le vrai moyen de gagner les Élections*, 20 mars 1897, p. 5.

339. *Avant le premier tremblement de terre*, 3 avril 1897, page couverture.

340. *Après le deuxième tremblement de terre*, 3 avril 1897, p. 5.

341. *Il n'est pas peureux*, 10 avril 1897, page couverture.

342. *Deux braves*, 10 avril 1897, p. 5.

343. *Délégation des Monopoleurs*, 24 avril 1897, page couverture.

344. *En avant pour la bataille électorale*, 24 avril 1897, p. 3.

345. *Tu vas débarquer de d'sus le poulin*, 8 mai 1897, page couverture.

346. *Quartier Saint-Louis*, 8 mai 1897, p. 5.

347. Père et fils, 8 mai 1897, p. 7.

348. *Ladébauche se promenant dans le Cimetière des Bleus*, 15 mai 1897, page couverture.

349. Une balance du pouvoir, 15 mai 1897, p. 5.

350. *Patronage*, 29 mai 1897, page couverture.

351. *Prométhée Canayen en proie au Vautour rouge*, 29 mai 1897, p. 5.

352. A la sucrerie, 5 juin 1897, page couverture.

353. Un coffre vide, 5 juin 1897, p. 5.

354. *Le rêve des employés civils bleus*, 12 juin 1897, page couverture.

355. *Allons-y gaiement*, 12 juin 1897, p. 5.

356. *Laurier d'après les journaux rouges*, 19 juin 1897, page couverture.

357. *Le drapeau des cadets*, 19 juin 1897, p. 5.

358. *Le massacre au Jeu National Canayen*, 26 juin 1897, p. 5.

359. *Marchand exerce ses Ministres*, 26 juin 1897, p. 5.

360. *Ladébauche vs Sir Wilfrid G.C.M. G.*, 3 juillet 1897, page couverture.

361. *Scènes après le jubilé*, 3 juillet 1897, p. 5.

362. *Prestidigitation*, 11 septembre 1897, page couverture.

363. *Royal-Laurier*, 11 septembre 1897, p. 5.

364. *Le rêve de Laurier*, 18 septembre 1897, page couverture.

365. *A St-Vincent de Paul*, 18 septembre 1897, p. 5.

366. *Une scène navrante*, 25 septembre 1897, page couverture.

367. *Tarte aux Bleus et aux Rouges*, 25 septembre 1897, p. 5.

368. *Aux prises*, 2 octobre 1897, page couverture.

369. *Une goutte d'eau*, 2 octobre 1897, p. 5.

370. *Les Canayens au Klondyke*, 9 octobre 1897, page couverture.

371. *La volée*, 9 octobre 1897, p. 5.

372. *Moins heureux qui pourrait l'être*, 16 octobre 1897, p. 5.

373. *La chasse aux oreilles*, 16 octobre 1897, p. 5.

374. *Le Boss et son théâtre de Marionnettes*, 23 octobre 1897, page couverture.

375. *Le Bal va commencer*, 23 octobre 1897, p. 5.

376. *Ca va ti déboulonner?*, 30 octobre 1897, page couverture.

377. *Secours aux incendiés de Prescott et Russel*, 30 octobre 1897, p. 5.

378. Course entre Laurier et Foster, 6 novembre 1897, page couverture.

379. Un policier en bicycle, 6 novembre 1897, p. 5.

380. *Une scène dans le cirque de Québec*, 13 novembre 1897, page couverture.

381. *Ayons donc la paix et faisons la coalition*, 13 novembre 1897, p.5.

382. *Au conseil municipal*, 20 novembre 1897, page couverture.

383. *A Washington*, 20 novembre 1897, p. 5.

384. *L'ancien régime et le nouveau régime*, 27 novembre 1897, page couverture.

385. *Prochaines élections municipales*, 27 novembre 1897, p. 5.

386. *Y a point d'danger*, 11 décembre 1897, page couverture.

387. *Ca va marcher*, 11 décembre 1897, p. 5.

388. Beausoleil, 18 décembre 1897, page couverture.

389. *Les Canayens avant tout*, 18 décembre 1897, p. 5.

390. *La guignolée*, 1er janvier 1898, page couverture.

391. *Le bill remédiateur*, 8 janvier 1898, page couverture.

392. *Après le jour de l'An*, 8 janvier 1898, p. 5.

393. *Plus de pleurs*, 15 janvier 1898, page couverture.

394. *La bataille municipale*, 15 janvier 1898, p. 5.

395. *Le départ de Sir Adolphe*, 22 janvier 1898, page couverture.

396. *Gare à vous, électeurs*, 22 janvier 1898, p. 5.

397. *Après la session*, 29 janvier 1898, p. 5.

398. *Élections municipales*, 29 janvier 1898, p. 5.

399. *Partant pour la session*, 5 février 1898, p. 5.

400. *Un échevin élu*, 5 février 1898, p. 5.

401. *C'est à moi la fillette*, 12 février 1898, page couverture.

402. *La vieille histoire qui recommence*, 12 février 1898, p. 5.

403. *La baleine canayenne*, 19 février 1898, page couverture.

404. Préfontaine, 19 février 1898, p. 5.

405. *Une suggestion*, 5 mars 1898, page couverture.

406. *En route pour le Klondyke*, 5 mars 1898, p. 5.

407. *Le contrat Mann*, 12 mars 1898, page couverture.

408. *Comment ça se passe à Cuba*, 12 mars 1898, p. 5.

409. *Le Bill du Yukon*, 19 mars 1898, page couverture.

410. La cuisine au gaz, 19 mars 1898, p. 5.

411. *La route du Klondyke*, 26 mars 1898, page couverture.

412. *La prohibition*, 26 mars 1898, p. 5.

413. *Nos députés s'amusent*, 2 avril 1898, page couverture.

414. *Mann et le chemin du Yukon*, 2 avril 1898, p. 5.

415. *La guerre Americo-Hispano*, 9 avril 1898, page couverture.

416. Une bataille, 9 avril 1898, p. 7.

417. Un homme tiraillé, 16 avril 1898, page couverture.

418. *Citoyen de Montréal*, 16 avril 1898, p. 5.

419. *Les cadeaux de Montréal*, 23 avril 1898, page couverture.

420. *Ils ne se battront pas*, 23 avril 1898, p. 5.

421. *La Guerre! la guerre*, 30 avril 1898, page couverture.

422. *La guerre aux canards suivant le Canard*, 30 avril 1898, p. 5.

423. *Un objet dangereux*, 7 mai 1898, page couverture.

424. *Protégeons-la!*, 7 mai 1898, p. 5.

425. *Un côté faible de l'Armée Américaine*, 14 mai 1898, page couverture.

426. *La guerre*, 14 mai 1898, p. 5.

427. *Il n'a pas l'temps*, 21 mai 1898, page couverture.

428. *Mauvaise paye*, 21 mai 1898, p. 5.

429. *Les députés laissent Ottawa*, 28 mai 1898, page couverture.

430. *La guerre*, 28 mai 1898, p. 5.

431. *La guerre*, 4 juin 1898, page couverture.

432. *A la recherche*, 4 juin 1898, p. 5.

433. *Les malades de Québec*, 11 juin 1898, page couverture.

434. *L'amour! l'amour*, 11 juin 1898, p. 5.

435. *La situation*, 18 juin 1898, page couverture.

436. *Le port de Montréal*, 18 juin 1898, p. 5.

437. *La guerre*, 25 juin 1898, page couverture.

438. *La grève des pilotes*, 25 juin 1898, p. 5.

439. *La cale sèche*, 2 juillet 1898, page couverture.

440. *Plus d'école*, 9 juillet 1898, page couverture.

441. Neptune, 9 juillet 1898, p. 5.

442. *La suce au Sénat*, 23 juillet 1898, page couverture.

443. *Rule Britannia*, 23 juillet 1898, p. 5.

444. *L'appétit vient en mangeant*, 30 juillet 1898, page couverture.

445. *A l'eau, canard*, 39 juillet 1898, p. 5.

446. *La conférence*, 13 août 1898, page couverture.

447. *Un champion*, 13 août 1898, p. 5.

448. *Pouding national*, 20 août 1898, page couverture.

449. *Encore la conférence*, 20 août 1898, p. 5.

450. *Tarterin sur les Alpes*, 27 août 1898, page couverture.

451. *La conférence*, 3 septembre 1898, page couverture.

452. *Un enterrement de première classe*, 3 septembre 1898, p. 5.

453. *Ouverture de la chasse*, 10 septembre 1898, page couverture.

454. *Frelons ministériels*, 10 septembre 1898, p. 5.

455. *A Poil*, 17 septembre 1898, page couverture.

456. *Vive le parti ouvrier*, 17 septembre 1898, p. 5.

457. *Surplus vs Déficit*, 24 septembre 1898, page couverture.

458. *Politique d'extension*, 24 septembre 1898, p. 5.

459. *Les banquets*, 1er octobre 1898, page couverture.

460. *Un proverbe*, 1er octobre 1898, p. 5.

461. *Tribulations d'un prohibitionniste*, 8 octobre 1898, page couverture.

462. *Tug of War*, 8 octobre 1898, p. 5.

463. *Les élections partielles*, 15 octobre 1898, page couverture.

464. *La cigale à Québec*, 15 octobre 1898, p. 5.

465. *Le tour des jeunes*, 22 octobre 1898, page couverture.

466. *La prochaine fight*, 22 octobre 1898, p. 5.

467. *La trocha*, 29 octobre 1898, page couverture.

468. *Transfert non transférable*, 29 octobre 1898, p. 5.

469. *Le surplus*, 5 novembre 1898, page couverture.

470. *Derniers beaux jours*, 5 novembre 1898, p. 5.

471. *Fachoda*, 12 novembre 1898, page couverture.

472. *Départ de Sifton*, 12 novembre 1898, p.5.

L'ALMANACH DU PEUPLE BEAUCHEMIN

473. Un homme qui rêve, illustration pour un conte de Jeanne Julien intitulé *Réveil sanglant*, 1909, p. 253.

474. Un voyageur et un conducteur de train, illustration pour le même conte, 1909, p. 254.

475. Poêle à deux ponts, illustration pour un conte de Louis Fréchette intitulé, *La maison hantée*, 1909, p. 258.

476. Un homme tombe sur le sol, illustration pour le même conte, 1909, p. 260.

477. Une couchette ensorcelée, illustration pour le même conte, 1909, p. 261.

478. Des débris, illustration pour une nouvelle de A.D. DeCelles intitulée *Une évasion dramatique*, 1909, p. 264.

479. Un solide gaillard, illustration pour la même nouvelle, 1909, p. 266.

480. Une descente en traîneau, illustration pour la même nouvelle, 1909, p. 268.

481. Deux marins, illustration pour la même nouvelle, 1909, p. 269.

482. Deux hommes assis, illustration pour un conte de A.D. DeCelles intitulé *L'hypnotisme à la cuisine*, 1910, p. 225.

483. Un jeune garçon qui veut hypnotiser une femme, illustration pour le même conte, 1910, p. 226.

484. La cuisinière, illustration pour le même conte, 1910, p. 227.

485. Un homme assis dans un théâtre, illustration pour une nouvelle de A.D. DeCelles intitulé un *Drame inédit*, 1910, p. 243.

486. Un homme assis et un autre debout, illustration pour la même nouvelle, 1910, p. 244.

487. Un groupe d'hommes, illustration pour un conte de Louis Fréchette intitulé *Étudiants d'autrefois*, 1910, p. 261.

488. Un fantôme, illustration pour le même conte, 1910, p. 263.

489. Deux hommes regardent partir une carriole, illustration pour le même conte, 1910, p. 266.

490. Une carriole et un manchon, illustration pour un conte de Louis Fréchette intitulé *Le manchon de ma grand'mère*, 1911, p. 265.

491. Trois hommes dont l'un est étendu sur le dos, illustration pour le même conte, 1911, p. 268.

492. Des hommes dans une auberge, illustration pour le même conte, 1911, p. 270.

493. Un jeune garçon et un diable, illustration pour un conte de Jeanne Julien intitulé *En pénitence*, 1911, p. 272.

494. Des marionnettes, illustration pour un conte de Louis Fréchette intitulé *Les marionnettes*, 1912, p. 268.

495. Joueurs de dames, illustration pour le même conte, 1912, p. 269.

496. Un violoniste, illustration pour le même conte, 1912, p. 271.

497. Un violoniste en colère, illustration pour le même conte, 1912, p. 373.

498. Un pendu, illustration pour un conte de Louis Fréchette intitulé *Une relique*, 1913, p. 302.

499. Jeune femme échevelée, illustration pour le même conte, 1913, p. 303.

500. Un procès, illustration pour le même conte, 1913, p. 305.

501. La cage de la Corriveau, illustration pour le même conte, 1913, p. 307.

502. Êtres fantastiques, illustration pour un conte de Louis Fréchette intitulé *Tipite Vallerand*, 1914, p. 364.

503. Deux voyageurs, illustration pour le même conte, 1914, p. 366.

504. Un homme suspendu à un arbre par les pieds alors qu'un autre cherche à le sortir de là, illustration pour le même conte, 1914, p. 369.

505. Un indien, illustration pour un conte intitulé *Vengeance sauvage*, 1914, p. 370.

506. Un Indien au poteau et une Indienne, illustration pour le même conte, 1914, p. 371.

507. Un couple, illustration pour un conte de Jeanne Julien intitulé *Visite inattendue*, 1914, p. 373.

508. Un homme agenouillé devant une corde, illustration pour le même conte, 1914, p. 374.

509. Un fantôme, illustration pour un conte de Louis Fréchette intitulé *Un fantôme*, 1915, p. 311.

510. Un homme dans un cimetière, illustration pour le même conte, 1915, p. 314.

511. Un duel, illustration pour une nouvelle de A.D. DeCelles intitulée *Une affaire d'honneur en 1836*, 1916, p. 367.

512. Un lutin, illustration pour un conte de Sylva Clapin intitulé *Rikiki*, 1916, p. 372.

513. Un homme qui se tient la tête, illustration pour le même conte, 1916, p. 379.

514. *Le ber*, illustration pour un texte de Adjutor Rivard intitulé *Le ber*, 1916. p. 382.

515. Un bûcheron, illustration pour le même texte, 1916, p. 384.

516. Jeune couple assis sur un banc, illustration pour une nouvelle de Sylva Clapin intitulée *Les Argonautes*, 1917, p. 371.

517. Un homme debout lisant un billet, illustration pour la même nouvelle, 1917, p. 376.

518. Un couple debout, illustration pour la même nouvelle, 1917, p. 381.

519. Le Parlement de Québec, illustration pour un texte intitulé *La Province de Québec*, 1919, p. 162.

520. Un laboureur, illustration pour le même texte, 1919, p. 167.

521. Un habitant trayant une vache, illustration pour le même texte, 1919, p. 171.

522. Un porteur d'eau d'érable, illustration pour le même texte, 1919, p. 172.

523. Un bûcheron, illustration pour le même texte, 1919, p. 173.

524. La pêche en canot, illustration pour le même texte, 1919, p. 175.

525. Un mineur, illustration pour le même texte, 1919, p. 176.

526. Une sorcière, illustration pour un conte intitulé *Geneviève de Brabant et le Martyre de la Belgique*, 1919, p. 291.

527. L'école primaire, illustration pour un texte intitulé *L'effort de la province de Québec*, 1920, p. 172.

528. Un semeur, illustration pour le même texte, 1920, p. 179.

529. Les premiers établissements de colons, illustration pour le même texte, 1920, p. 179.

530. Une industrie, illustration pour le même texte, 1920, p. 181.

531. Un des grands pouvoirs d'eau de la province, illustration pour le même texte, 1920, p. 183.

532. Un chasseur, illustration pour une nouvelle de G.E. Marquis intitulée *Une chasse à l'ours*, 1920, p. 304.

533. Un chasseur visant un ours, illustration pour la même nouvelle, 1920, p. 306.

534. Trois personnages sur le quai d'une gare, illustration pour la même nouvelle, 1920, p. 307.

535. *Les trésors enfouis*, illustration pour un conte de Marius Barbeau intitulé *Les trésors enfouis*, 1920, p. 308.

536. Un lutin tressant la crinière d'un cheval, illustration pour le même conte, 1920, p. 311.

537. Un lutin, illustration pour le même conte, 1920, p. 313.

538. *Le tissage de la catalogne*, illustration pour la chronique intitulée *Agriculture*, 1921, p. 250.

539. *Le dévidoir d'autrefois*, illustration pour la même chronique, 1921, p. 251.

540. *Le tressage de la paille*, illustration pour la même chronique, 1921, p. 253.

541. *Le pilon à sagamité*, illustration pour la même chronique, 1921, p. 255.

542. *La basse-cour*, illustration pour la même chronique, 1921, p. 256.

543. *Jardinage*, illustration pour la même chronique, 1921, p. 257.

544. *Les foins*, illustration pour la même chronique, 1921, p. 259.

545. *Four à cuire le pain*, illustration pour la même chronique, 1921, p. 261.

546. *Le trayage des vaches*, illustration pour la même chronique, 1921, p. 262.

547. *Les confitures*, illustration pour la même chronique, 1921, p. 263.

548. *Le filage*, illustration pour la même chronique, 1921, p. 265.

549. *La cuisine des fêtes*, illustration pour la même chronique, 1921, p. 266.

550. *Le foulage de l'étoffe*, illustration pour un texte d'Édouard-Zotique Massicotte intitulé *Le foulage de l'étoffe*, 1921, p. 341.

551. *Le séchage de l'étoffe*, illustration pour le même texte, 1921, p. 342.

552. *Le repassage de l'étoffe*, illustration pour le même texte, 1921, p. 343.

553. Bac et foulons, illustration pour le même texte, 1921, p. 344.

554. *Le réveillon*, illustration pour le même texte, 1921, p. 345.

555. *Criblage du grain dans le hangar*, illustration pour la chronique intitulée *Agriculture*, 1922, p. 237.

556. *Sciage au moteur du bois pour l'hiver*, illustration pour la même chronique, 1922, p. 238.

557. *La séparation de la crème d'avec le lait*, illustration pour la même chronique, 1922, p. 239.

558. *Les sucres — installation d'une sucrerie moderne*, illustration pour la même chronique, 1922, p. 240.

559. *Les semailles*, illustration pour la même chronique, 1922, p. 242.

560. *Sarclage des légumes à la machine*, illustration pour la même chronique, 1922, p. 243.

561. *La fenaison*, illustration pour la même chronique, 1922, p. 245.

562. *La moisson*, illustration pour la même chronique, 1922, p. 246.

563. *Labour d'automne*, illustration pour la même chronique, 1922, p. 247.

564. *Le fumage des terres à la machine*, illustration pour la même chronique, 1922, p. 248.

565. *Battage du grain avec moteur à gazoline*, illustration pour la même chronique, 1922, p. 250.

566. *Pressage du foin*, illustration pour la même chronique, 1922, p. 252.

567. *Le brayage*, illustration pour un texte d'Édouard-Zotique Massicotte intitulé *L'industrie du lin au Canada*, 1922, p. 354.

568. *La chaufferie*, illustration pour le même texte, 1922, p. 355.

569. *L'écochage*, illustration pour le même texte, 1922, p. 356.

570. Le peigne à filasse, illustration pour le même texte, 1922, p. 356.

571. Dévidoir horizontal et quenouille, illustration pour le même texte, 1922, p. 356.

572. *Le blanchiment*, illustration pour le même texte, 1922, p. 357.

573. *Nos traditions nationales*, illustration pour un texte intitulé *Nos traditions nationales*, 1923, p. 258.

574. *La Bénédiction paternelle au Jour de l'An*, illustration pour le même texte, 1923, p. 259.

575. *Le Mardi Gras*, illustration pour le même texte, 1923, p. 260.

576. *Les sucres*, illustration pour le même texte, 1923, p. 261.

577. *Pâques*, illustration pour le même texte, 1923, p. 262.

578. *Mois de Marie*, illustration pour le même texte, 1923, p. 263.

579. *La Saint-Jean-Baptiste*, illustration pour le même texte, 1923, p. 264.

580. *Fête de Sainte-Anne-de-Beaupré*, illustration pour le même texte, 1923, p. 265.

581. *L'Angélus aux champs*, illustration pour le même texte, 1923, p. 266.

582. *La prière en commun*, illustration pour le même texte, 1923, p. 269.

583. *L'épluchette de Blé d'Inde*, illustration pour le même texte, 1923, p. 268.

584. *La Sainte-Catherine*, illustration pour le même texte, 1923, p. 269.

585. *Le réveillon de Noël*, illustration pour le même texte, 1923, p. 270.

586. Un rouet, illustration pour un conte de Blanche Lamontagne-Beauregard intitulé *Le vieux rouet*, 1923, p. 338.

587. Un visiteur, illustration pour le même conte, 1923, p. 339.

588. Un homme et un diable, illustration pour un conte intitulé *Jean Belhumeur*, 1923, p. 340.

589. Un homme et un diablotin, illustration pour le même conte, 1923, p. 342.

590. Un homme frappant avec une masse un diable dans un sac, illustration pour le même conte, 1923, p. 345.

591. *La quête de l'Enfant-Jésus*, illustration pour la chronique intitulée *Nos traditions nationales*, 1924, p. 285.

592. *Retour de la messe de minuit*, illustration pour la même chronique, 1924, p.286.

593. *Procession de la Fête Dieu*, illustration pour la même chronique, 1924, p. 287.

594. *La corvée*, illustration pour la même chronique, 1924, p. 288.

595. *La criée pour les âmes*, illustration pour la même chronique, 1924, p. 289.

596. Un oiseau et un nid, illustration pour une nouvelle de A. Sellon intitulée *A la recherche d'un nid*, 1924, p. 321.

597. Un dindon, illustration pour la même nouvelle, 1924, p. 323.

598. Un canard, illustration pour la même nouvelle, 1924, p. 324.

599. Un train, illustration pour une nouvelle intitulée *Michel Barbassou*, 1925, p. 341.

600. Un homme et un lutin, illustration pour la même nouvelle, 1925, p. 344.

601. Discussion entre vieillards, illustration pour la même nouvelle, 1925, p. 349.

602. *La demande en mariage*, illustration pour la chronique intitulée *Nos traditions nationales*, 1925, p. 360.

603. *La grande demande*, illustration pour la même chronique, 1925, p. 361.

604. *Le fricot*, illustration pour la même chronique, 1925, p. 362.

605. *Le mariage*, illustration pour la même chronique, 1925, p. 363.

606. *Le défilé de noce*, illustration pour la même chronique, 1925, p. 364.

607. *Le traditionnel portrait de noce*, illustration pour la même chronique, 1925, p. 365.

608. *La prière en famille*, 1925, p. 394.

609. Souliers de boeuf, illustration pour la chronique d'Edouard-Zotique Massicotte intitulée *Coutumes et industries qui s'en vont*, 1926, p. 358. (non signée)

610. Bottes sauvages, illustration pour la même chronique, 1926, p. 359. (non signée)

611. Le tablier dominical, illustration pour la même chronique, 1926, p. 360.

612. *La vente du roulant*, illustration pour la chronique intitulée *Nos traditions nationales*, 1926, p. 362.

613. *Les visites du Jour de l'An*, illustration pour la même chronique, 1926, p. 363.

614. *La distribution des prix*, illustration pour la même chronique, 1926, p. 364.

615. *Un magasin général de jadis*, 1926, p. 470.

616. *Le baptême*, illustration pour la chronique intitulée *Nos traditions nationales*, 1927, p. 361.

617. *La Première Communion*, illustration pour la même chronique, 1927, p. 362.

618. *Le Viatique*, illustration pour la même chronique, 1927, p. 363.

619. *Le traditionnel gâteau des Rois*, 1927, p. 470.

620. *Un Charivari*, illustration pour la chronique intitulée *Nos traditions nationales*, 1928, p. 351.

621. *Les fréquentations d'autrefois*, illustration pour la même chronique, 1928, p. 352.

622. *Une messe de minuit dans un chantier d'autrefois*, 1928, p. 473.

623. *Le flottage des billots*, illustration pour la chronique intitulée *Nos traditions nationales*, 1929, p. 370.

624. *La cueillette des framboises*, illustration pour la même chronique, 1929, p. 371.

625. *La raquette*, illustration pour la même chronique, 1929, p. 372.

626. *L'enlèvement de la neige*, illustration pour la même chronique, 1929, p. 373.

627. *Le poêle à deux ponts*, illustration pour la même chronique, 1929, p. 374.

628. *Les visites du Jour de l'An au temps passé*, 1929, p. 455.

629. *La sucrerie*, illustration pour la chronique intitulée *Nos traditions nationales*, 1930, p. 395.

630. *Le métier*, illustration pour la même chronique, 1930, p. 396.

631. *Le violoneux*, illustration pour la même chronique, 1930, p. 398.

632. *La partie de dames*, illustration pour la même chronique, 1930, p. 398.

ALMANACH ROLLAND
(agricole, commercial et des familles)

633. Un homme fume sa pipe près du poêle, illustration pour une nouvelle de Rodolphe Girard intitulée *Assassin*, 1915, p. 129.

634. Deux hommes font peur à un troisième, illustration pour la même nouvelle, 1915, p. 135.

635. Un couple debout, illustration pour la même nouvelle, 1915, p. 146.

636. Deux personnages en boghei, illustration pour un conte de Rodolphe Girard intitulée *La maison maudite*, 1916, p. 111.

637. Un bossu, illustration pour le même conte, 1916, p. 119.

638. Un sanglier, illustration pour le même conte, 1916, p. 123.

639. Un vieux assis lisant un almanach, illustration pour une nouvelle de Sylva Clapin intitulée *La fièvre des foins*, 1917, p. 119.

640. Un vieux, illustration pour la même nouvelle, 1917, p. 127.

641. Un visiteur, illustration pour la même nouvelle, 1917, p. 129.

642. Un homme en boghei, illustration pour la même nouvelle, 1917, p. 133.

643. Violoneux assis, illustration pour un conte d'Ernest Bilodeau intitulé *Le violon enchanté*, 1917, p. 139.

644. Un wendigo, illustration pour le même conte, 1917, p. 147.

645. Un habitant «accoudé à la margelle du vieux puits», illustration pour une nouvelle de Rodolphe Girard intitulée *Les deux clans*, 1917, p. 169.

646. Deux hommes et une femme, illustration pour la même nouvelle, 1917, p. 172.

647. Deux hommes se serrent la main, illustration pour la même nouvelle, 1917, p. 175.

648. Soldat en tranchée, illustration pour une nouvelle de A.D. DeCelles intitulée *Un épisode de la guerre*, 1917, p. 197.

649. Croix et ruines, illustration pour une nouvelle de Rodolphe Girard intitulée *Un héros inconnu*, 1918, p. 129.

650. Couple de danseurs, illustration pour la même nouvelle, 1918, p. 130.

651. Deux soldats dont l'un est mort, illustration pour la même nouvelle, 1918, p. 134.

652. Trois personnages, illustration pour une nouvelle de Sylva Clapin intitulée *Le village et la ville*, 1918, p. 183.

653. Jeune couple qui converse, illustration pour la même nouvelle, 1918, p. 187.

654. Un homme et une jeune femme dans un salon, illustration pour la même nouvelle, 1918, p. 192.

655. Un homme en costume de ville, illustration pour la même nouvelle, 1918, p. 194.

656. Soldat recevant un colis, illustration pour une nouvelle de A.D. DeCelles intitulée *Marraine et filleul*, 1918, p. 207.

657. Une femme lisant une lettre, illustration pour la même nouvelle, 1918, p. 213.

658. Dessin allégorique, 1919, page couverture. Le même dessin est également utilisé pour les pages couvertures du même almanach des années subséquentes.

659. Militaire attaquant une jeune femme, illustration pour une nouvelle de Rodolphe Girard intitulée *Les cloches*, 1919, p. 131.

660. Une exécution, illustration pour la même nouvelle, 1919, p. 134.

661. Deux militaires, illustration pour une nouvelle de Sylva Clapin intitulée *Un coup de main aux avant-postes canadiens*, 1919, p. 138.

662. Un militaire rampant, illustration pour la même nouvelle, 1919, p. 140.

663. Prisonniers allemands, illustration pour la même nouvelle, 1919, p. 148.

664. Couple d'amoureux, illustration pour une nouvelle de Rodolphe Girard intitulée *En vacances*, 1920, p. 129.

665. Jeune homme à la caisse d'une banque, illustration pour la même nouvelle, 1920, p. 130.

666. Couple d'amoureux sous les regards d'une femme, illustration pour la même nouvelle, 1920, p. 135.

667. Vieillard en colère, illustration pour la même nouvelle, 1920, p. 137.

668. Une ombre, illustration pour une nouvelle de Casimir Hébert intitulée *L'ombre du père*, 1921, p. 127.

669. Jeune homme et vieille femme, illustration pour la même nouvelle, 1921, p. 132.

670. Arrivée d'une visiteuse, illustration pour la même nouvelle, 1921, p. 133.

671. Vieille femme lisant une lettre, illustration pour la même nouvelle, 1921, p. 135.

672. Deux habitants et un couple, illustration pour une nouvelle de Rodolphe Girard intitulée *Le Testament*, 1921, p. 145.

673. Deux habitants discutent, illustration pour la même nouvelle, 1921, p. 147.

674. Notaire en présence d'un client, illustration pour la même nouvelle, 1921, p. 152.

675. Jeunes amoureux, illustration pour la même nouvelle, 1921, p. 154.

676. Un ange, illustration pour une nouvelle de A.D. DeCelles intitulée *Marions-nous le mariage est doux*, 1922, p. 129.

677. Dessin humoristique de mariés, illustration pour la même nouvelle, 1922, p. 130.

678. Une dame, illustration pour une nouvelle de Rodolphe Girard intitulée *La Dame Blanche*, 1922, p. 147.

679. Un gros garçon parle à trois autres personnes, illustration pour la même nouvelle, 1922, p. 150.

680. Deux femmes assises, illustration pour la même nouvelle, 1922, p. 152.

681. Une jeune femme s'élance vers un jeune homme, illustration pour la même nouvelle, 1922, p. 155.

682. Deux femmes qui s'embrassent, illustration pour une nouvelle de Casimir Hébert intitulée *Perpétue Latendresse*, 1922, p. 227.

683. Un boulanger et un client, illustration pour la même nouvelle, 1922, p. 227.

684. Vieille femme assise près d'une jeune fille au lit, illustration pour la même nouvelle, 1922, p. 230.

685. Une vieille femme dans la boutique d'un Juif, illustration pour la même nouvelle, 1922, p. 232.

686. Un idiot, illustration pour une nouvelle de Rodolphe Girard intitulée *Fanfan le nigaud*, 1923, p. 137.

687. Gamins jouant un mauvais tour à un idiot, illustration pour la même nouvelle, 1923, p. 138.

688. Deux habitants s'insultant, illustration pour la même nouvelle, 1923, p. 141.

689. Jeune fille au cachot, illustration pour la même nouvelle, 1923, p. 142.

690. Un vieillard et sa fille, illustration pour une nouvelle de Casimir Hébert intitulée *Pierre Duchesneau*, 1923, p. 171.

691. Vieillard lisant une lettre, illustration pour la même nouvelle, 1923, p. 173.

692. Un moissonneur, illustration pour la même nouvelle, 1923, p. 177.

693. Une nièce et sa vieille tante, illustration pour une nouvelle de A.D. De Celles intitulée *Distractions sur la plage*, 1923, p. 206.

694. Jeune fille en prière, illustration pour la même nouvelle, 1923, p. 208.

695. Un colosse, illustration pour une nouvelle de Rodolphe Girard intitulée *L'oiseau fantastique*, 1924, p. 93.

696. Une jeune fille et un aviateur accidenté, illustration pour la même nouvelle, 1924, p. 95.

697. Un couple, illustration pour la même nouvelle, 1924, p. 97.

698. Un vieillard debout, illustration pour une nouvelle de Casimir Hébert intitulée *L'héritage*, 1924, p. 180.

699. Trois commères du village, illustration pour la même nouvelle, 1924, p. 182.

700. Un avocat, illustration pour la même nouvelle, 1924, p. 184.

701. Robe à crinoline, illustration pour un texte de A.D. DeCelles intitulé *Le passé et le présent*, 1924, p. 193.

702. Un colporteur, illustration pour le même texte, 1924, p. 197.

703. Jeune fille à un guichet, illustration pour une nouvelle d'Andrée Jarret intitulée *Le retour au village*, 1925, p. 108.

704. Deux femmes dont l'une part en voyage, illustration pour la même nouvelle, 1925, p. 112.

705. Une famille, illustration pour la même nouvelle, 1925, p. 115.

706. Un habitant assis et une femme debout, illustration pour la même nouvelle, 1925, p. 117.

707. Un oiseau et une tortue, illustration pour un poème de Casimir Hébert intitulé *L'Hirondelle et la Tortue*, 1925, p. 164.

708. Un hibou, illustration pour une nouvelle de François Lalonde intitulée *Les feuilles rouges*, 1925, p. 164.

709. Un trappeur, illustration pour la même nouvelle, 1925, p. 164.

710. Un indien qui trébuche, illustration pour la même nouvelle, 1925, p. 165.

711. Un coureur de bois chauve, illustration pour la même nouvelle, 1925, p. 167.

712. Un curé en chaire, illustration pour une nouvelle de Casimir Hébert intitulée *La meilleure part*, 1925, p. 177.

713. Une vieille femme qui donne des coups de hache dans une cloison, illustration pour la même nouvelle, 1925, p. 179.

714. Un homme assis dans un lit, illustration pour la même nouvelle, 1925, p. 181.

715. Un homme et une religieuse, illustration pour la même nouvelle, 1925, p. 183.

716. La croix du Mont-Royal, illustration pour un texte de Victor Morin intitulé *La croix du Mont-Royal*,

1925, p. 193.

717. Dix petits dessins, illustration pour la série *Le coin des enfants*, 1925, p. 209.

718. Un roi à cheval, illustration pour un conte de Louis-Joseph Doucet intitulé *Le rêve de Champagne*, 1926, p. 116.

719. Un ange portant un fouet, illustration pour le même conte, 1926, p. 118.

720. Un chantre, illustration pour le même conte, 1926, p. 120.

721. Jeune fille agenouillée, illustration pour un texte de Rodolphe Girard intitulé *Le Sacrifice*, 1926, p. 143.

722. Une mère agonisante bénit ses enfants, illustration pour le même texte, 1926, p. 145.

723. Un jeune homme et une jeune femme conversent, illustration pour le même texte, 1926, p. 156.

724. Jeune fille en prière, illustration pour le même texte, 1926, p. 158.

725. Cupidon, illustration pour une nouvelle de François Lalonde intitulée *Rupture*, 1926, p. 170.

726. Deux habitants dans une charrette, illustration pour la même nouvelle, 1926, p. 171.

727. Un couple, illustration pour la même nouvelle, 1926, p. 172.

728. Un homme devant la cour, illustration pour une nouvelle de Casimir Hébert intitulée *Un jugement authentique*, 1926, p. 176.

729. Un patron dispute son employé, illustration pour la même nouvelle, 1926, p. 177.

730. Une femme et un vagabond, illus-

tration pour la même nouvelle, 1926, p. 180.

731. Deux hommes dans un monte-charge, illustration pour la nouvelle de Harry Bernard intitulée *La poulie*, 1927, p. 111.

732. Deux curés, illustration pour la même nouvelle, 1927, p. 113.

733. Seize petits dessins, illustrations pour la chronique de Casimir Hébert intitulée *Autrefois et aujourd'hui*, 1927, pp. 129-131.

734. Un jeune homme quittant sa fiancée, illustration pour un conte de Rodolphe Girard intitulé *Quand même...*, 1927, p. 133.

735. Un homme couché et une femme debout près de lui, illustration pour le même conte, 1927, p. 137.

736. La cueillette de l'eau de Pâques, illustration pour un texte d'Édouard-Zotique Massicotte intitulé *Coutumes et traditions se rattachant à la fête de Pâques*, 1927, p. 158.

737. Dix petits dessins, illustrations pour la série *Le coin des enfants*, 1927, pp. 161-163.

738. Un feu follet, illustration pour un conte de Mme Boissonnault intitulé *Le dernier feu follet*, 1927, p. 168.

739. Deux jeunes filles sur une rive, illustration pour le même conte, 1927, p. 169.

740. Un homme à la recherche d'un feu follet, illustration pour le même conte, 1927, p. 172.

741. Une femme se dispute avec un homme, illustration pour une nouvelle de François Lalonde intitulée *La véritable amie*, 1927, p. 191.

742. Une femme et un bébé, illustration pour la même nouvelle, 1927, p. 192.

743. Un mariage, illustration pour une nouvelle de Rodolphe Girard intitulée *La fin d'un célibataire*, 1928, p. 136.

744. Un homme offre à boire à un autre homme, illustration pour la même nouvelle, 1928, p. 138.

745. Seize petits dessins, illustrations pour la chronique de Casimir Hébert intitulée *Autrefois et aujourd'hui*, 1928, pp. 141-143.

746. Un avare, illustration pour un conte de Françoise Morin intitulé *La petite nièce du Père Grippesous*, 1928, p. 144.

747. Un vieillard et une enfant, illustration pour le même conte, 1928, p. 146.

748. Un homme et une petite fille, illustration pour le même conte, 1928, p. 153.

749. Un conteur et son auditoire, illustration pour le conte de Françoise Morin intitulé *Réveillon de Noël chez les Tourlour*, 1928, p. 177.

750. Deux hommes s'embrassant, illustration pour le même conte, 1928, p. 178.

751. Des croisés, illustration pour une nouvelle de Rodolphe Girard intitulée *La mort du croisé*, 1928, p. 180.

752. Un homme portant une valise, illustration pour une nouvelle de François Lalonde intitulée *Le retour*, 1928, p. 184.

753. Un jeune homme invite une femme, illustration pour la même nouvelle, 1928, p. 184.

754. Jeune homme et jeune femme se serrant la main, illustration pour la même nouvelle, 1928, p. 186.

L'ALMANACH DE L'ACTION SOCIALE CATHOLIQUE

755. Une terre à vendre, illustration pour un récit du frère Marie-Victorin intitulé *Ne vends pas la terre*, 1918, p. 62. Dessin repris dans *Les Récits laurentiens*, en 1919.

756. Discussion autour d'une vente, illustration pour le même texte, 1918, p. 64. Dessin repris dans *Les Récits laurentiens*, en 1919.

757. Habitant arrachant une affiche où il est inscrit «terre à vendre», illustration pour le même texte, 1918, p. 66. Dessin repris dans *Les Récits laurentiens*, en 1919.

758. *Prière du laboureur*, 1921, p. 5.

759. *Dollard*, 1924.

L'ANNUAIRE GRANGER POUR LA JEUNESSE

760. *Le premier semeur canadien*, 1926, p. 5.

761. *Le grand tremblement de terre*, 1926, p. 7.

762. *Le gardien vigilant de la Nouvelle-France*, 1926, p. 9.

763. *Le dernier triomphe des troupes françaises au Canada*, 1926, p. 11.

764. *Nos héros immortels*, 1926, p. 13.

765. *Le fondateur de notre société natio-nale*, 1926, p. 15.

766. Un homme et un enfant, illustration pour une nouvelle de A.-Z. Tétrault intitulée *La cruche brisée*, 1926, p. 39.

767. Un vieillard et des enfants, illustration pour une nouvelle de Norbert Pépin intitulée *Grand-Père*, 1926, p. 44.

768. Deux hommes, illustration pour une nouvelle d'Albert Frontenac intitulée *La frayeur d'un neveu*, 1926, p. 57.

769. Diable sous la forme d'un chien, illustration pour la même nouvelle, 1926, p. 59.

770. *Les sucres*, 1926, p. 91. Déjà publié dans l'album de 1923.

771. Un ours, illustration pour une nouvelle de Charles-M. Boissonneault intitulée *Le vieux chasseur*, 1926, p. 93.

772. Un loup, illustration pour la même nouvelle, 1926, p. 95.

773. Écoliers, illustration pour une nouvelle de Marie-Claire Daveluy intitulée *Le rêve d'un petit cancre*, p. 99.

774. Même sujet pour la même nouvelle, p. 105.

775. Même sujet pour la même nouvelle, p. 107.

776. *Le père de la poésie canadienne*, 1927, p. 7.

777. *Le traité de Paris*, 1927, p. 9.

778. *La grande amie des Canadiens*, (Ste-Anne), 1927, p. 11.

779. *Au temps des Seigneurs*, 1927, p. 13.

780. *Prise de possession de Ville-Marie*, 1927, p. 15.

781. *Notre premier évêque*, 1927, p. 17.

782. *La dispersion des Acadiens*, 1927, p. 19.

783. *Notre-Dame des Victoires*, 1927, p. 21.

784. *Le Colbert canadien*, (Talon), 1927, p. 23.

785. *Une jeune fille héroïque*, 1927, p. 25.

786. *Le loyalisme de nos pères*, 1927, p. 27.

787. *Un deuil général pour la Nouvelle-France*, 1927, p. 29.

788. Un habitant, illustration pour une nouvelle de Lucienne Lecompte intitulée *Une veillée chez nos ancêtres*, 1927, p. 37.

789. Diablotins, illustration pour la même nouvelle, 1927, p. 38.

790. Un fantôme, illustration pour la même nouvelle, 1927, p. 39.

791. Un vagabond, illustration pour une nouvelle signée «Beauceronne» et intitulée *Le Vagabond de la Providence*, 1927, p. 49.

792. Des enfants, illustration pour la même nouvelle, p. 50.

793. Un habitant, illustration pour la même nouvelle, p. 51.

794. Une descente en traîneau, illustration pour une nouvelle de Norbert Pépin intitulée *Souvenirs d'enfance*, 1927, p. 60.

795. Pêche à la ligne, illustration pour la même nouvelle, p. 61.

796. Jeune couple, illustration pour une

nouvelle signée «Gervaise» et intitulée *Un tableau champêtre*, 1927, p. 63.

797. *Un Canadien*, 1927, p. 123.

798. *La sainte recluse*, (Jeanne LeBer), 1928, p. 11.

799. *Hommage à F.X. Garneau*, 1928, p. 13.

800. *La vraie charité chrétienne*, 1928, p. 15.

801. *Un patriarche canadien*, 1928, p. 17.

802. *Les premiers apôtres de la Nouvelle-France*, 1928, p. 19.

803. *Hardis explorateurs*, 1928, p. 21.

804. *La première voie ferrée canadienne*, 1928, p. 23.

805. Un homme et deux femmes, illustration pour une pièce de théâtre de Lucienne Lecompte intitulée *Une date mémorable 1867*, 1928, p. 67.

806. Deux personnes dans une église, illustration pour une nouvelle de Georges Bouchard intitulée *Le Bedeau*, 1928, p. 80.

807. Un vieillard, illustration pour une nouvelle signée «Marielle» et intitulée *La Noël du Père Guénille*, 1928, p. 92.

808. Un curé, illustration pour la même nouvelle, p. 93.

809. Un enfant et un adulte, illustration pour une nouvelle de Norbert Pépin intitulée *Une partie de chasse*, 1928, p. 118.

810. L'Angélus, illustration pour une nouvelle signée «Yolande» et intitulée *L'Angélus*, 1928, p. 120.

811. Un Canadien (le Père Antoine), 1928, p. 126.

812. *La Marguerite du Canada* (Marguerite Bourgeoys), 1929, p. 11.

813. *L'immortel oublié* (Lambert Closse), 1929, p. 13.

814. *Un ange providentiel* (Mère Gamelin), 1929, p. 15.

815. *Le premier prince de l'Église du Canada* (Taschereau), 1929, p. 17.

816. *Une relique du passé* (le Manoir de Gaspé), 1929, p. 19.

817. *Notre-Dame du Bon-Secours*, 1929, p. 21.

818. *Départ et Retour*, 1929, p. 23.

819. *Une victime de la haine* (le Père Rasle), 1929, p. 25.

820. *Sur le rocher de Québec* (Cartier), 1929, p. 27.

821. *Une réponse historique* (Frontenac), 1929, p. 29.

822. *Lancement du premier bateau à vapeur*, 1929, p. 31.

823. *Le Père de l'Ouest canadien* (de la Vérendrye), 1929, p. 33.

824. *L'enfant à la ligne*, 1929, p. 138.

LA PRESSE

825. Dix illustrations réunies sur une même page: *une veillée d'autrefois, les sucres, la visite de la Quête de l'enfant Jésus, la bénédiction du jour de l'An, le réveillon de Noël, le retour de la Messe de Minuit, le Saint-Viatique à la campagne, une épluchette de blé-d'inde, la fournée du*

bon vieux temps, le Mardi-Gras à la campagne. 18 juin 1921. Illustrations reprises de l'album de 1923.

826. *La visite du jour de l'An*, 27 décembre 1929. Illustration reprise de l'album de 1923.

LA VOIX NATIONALE

827. Seize gravures sous le thème de *Notre vie nationale*, juillet 1923, pages 12 et 13.

828. *Saint-Jean-Baptiste à la jeunesse*, juillet 1928, illustration pour la page couverture.

829. *Les visites du jour de l'An*, janvier 1928, illustration pour la page couverture.

830. *Les sucres*, mars 1931, illustration pour la page couverture. Déjà publiée dans l'album de 1923.

831. *Une noce d'autrefois*, mai 1931, illustration pour la page couverture. Déjà publiée dans l'album de 1923.

832. *Premiers visiteurs de Sainte-Madeleine d'Ontario, nouvelle paroisse établie par Monseigneur Hallé, le 22 juillet 1931*, octobre 1931, p. 19.

833. *Le Saint-Viatique à la campagne*, novembre 1931, illustration pour la page couverture. Déjà publiée dans l'album de 1923.

834. Habitant nourrissant ses poules, novembre 1931, p. 23.

835. *Nouvelle arrivée en pays de colonisation*, décembre 1931, p. 22.

836. Éveil du patriotisme, janvier 1932, p. 19.

LA CORVÉE,
deuxième concours littéraire
de la Société Saint-Jean-Baptiste
de Montréal,
1917.

837. Le repas de la corvée, p. 89.

838. «Chauffeuse» près de son four à chaux, p. 127.

839. La corvée de l'arbre, p. 32.

840. Habitant se signant avant de se mettre au travail, p. 82.

841. Habitants en conversation, p. 27.

842. Jeune homme, p. 86.

843. Vieille femme écrivant une lettre, p. 29.

844. Le réveil des enfants, p. 120.

845. Jeune homme regardant à l'extérieur par la fenêtre ouverte d'une chambre, p. 44.

AU PAYS DE L'ÉRABLE,
quatrième concours littéraire
de la Société Saint-Jean-Baptiste
de Montréal,
1919.

846. Un jeune homme, illustration pour une nouvelle de Sylva Clapin intitulée *Les boeufs*, p. 48.

Marie-Victorin,
RÉCITS LAURENTIENS,
1919

847. *La corvée des Hamel*, illustration pour *La corvée des Hamel*, p. 17.

848. Deux habitants en conversation, illustration pour le même texte, p. 23.

849. Une vieille femme écrivant une lettre sous le regard de son mari, illustration pour le même texte, p. 25.

850. *Le rosier de la Vierge*, illustration pour *Le rosier de la Vierge*, p. 35.

851. Quatre hommes sur le perron d'une église, illustration pour le même texte, p. 40.

852. Un homme tombant d'une échelle, illustration pour le même texte, p. 45.

853. Plusieurs personnages à l'intérieur d'une église, illustration pour le même texte, p. 48.

854. Un four à pain, illustration pour le même texte, p. 55.

855. *La croix de Saint-Norbert*, illustration pour *La croix de Saint-Norbert*, p. 59.

856. Un homme et un enfant dans une voiture, illustration pour le même texte, p. 62.

857. Un homme et un enfant, illustration pour le même texte, p. 65.

858. Une clôture, illustration pour le même texte, p. 67.

859. *Sur le renchaussage*, illustration pour *Sur le renchaussage*, p. 71.

860. Un vieillard et un enfant, illustration pour le même texte, p. 73.

861. Quatre enfants traversant un pont de bois, illustration pour le même texte, p. 76.

862. Un enfant assis sur le tronc d'un arbre, les pieds dans l'eau, illustration pour le même texte, p. 82.

863. Quatre personnages dans une charrette, illustration pour le même texte, p. 84.

864. Un homme et un enfant, illustration pour le même texte, p. 90.

865. Un enfant mangeant des crêpes et une femme lui versant du thé, illustration pour le même texte, p. 92.

866. Un cheval attelé à un tombereau, illustration pour le même texte, p. 95.

867. Cinq personnages dont un enfant, illustration pour le même texte, p. 97.

868. Un banc et deux seaux renversés, illustration pour le même texte, p. 98.

869. *Charles Roux*, illustration pour *Charles Roux*, p. 101.

870. Un homme et un enfant, illustration pour le même texte, p. 109.

871. Trois illustrations pour *Ne vends pas la terre*, déjà publiées dans l'*Almanach de l'Action sociale catholique* en 1918.

872. Un puits, illustration pour le même texte, p. 136.

873. *Jacques Maillé*, illustration pour *Jacques Maillé*, p. 139.

874. Une vieille femme en pleurs, illustration pour le même texte, p. 145.

875. Quatre personnages dans un intérieur de pauvres, illustration pour le même texte, p. 157.

876. *Le colon Lévesque*, illustration pour *Le colon Lévesque*, p. 161.

877. Un prêtre visite une famille de colons, illustration pour le même texte, p. 166.

878. Un homme fixant à l'aide d'un clou un chapelet au mur de sa maison, illustration pour le même texte, p. 183.

879. Une huche à pain, illustration pour le même texte, p. 185.

880. *Peuple sans histoire*, illustration pour *Peuple sans histoire*, p. 189.

881. Un homme et une femme une plume à la main, illustration pour le même texte, p. 196.

882. Deux feuilles de papier et une plume, illustration pour le même texte, p. 207.

883. Chaudron suspendu au-dessus d'un feu, illustration pour la table des matières.

Marie-Victorin,
CROQUIS LAURENTIENS,
1920.

884. Un vieux manoir en ruine, illustration pour *Le Vieux Longueuil*, p. 13.

885. Deux voyageurs en canot, illustration pour *Que pensez-vous de la glace*, p. 30.

886. Maison abandonnée, illustration pour *Le village qui meurt*, p. 33.

887. Un rocher, illustration pour *Le rocher erratique*, p. 42.

888. Paysage, illustration pour *La montagne de Beloeil*, p. 45.

889. Un homme assis sur le perron d'une maison, illustration pour *Suis allé au bois*, p. 60.

890. Un homme dans une embarcation, illustration pour *Le lac des Trois-Saumons*, p. 63.

891. Un pêcheur à la ligne, illustration pour *La Pointe-des-Monts*, p. 78.

892. Canotiers, illustration pour *Le lac Témiscamingue*, p. 81.

893. Croix de cimetière, illustration pour le même texte, p. 87.

894. Un village, illustration pour *Ville-Marie*, p. 88.

895. Canotiers, illustration pour le même texte, p. 93.

896. Un village, illustration pour *Maia-kisis*, p. 95.

897. Semeur à la volée, illustration pour le même texte, p. 102.

898. Une croix, illustration pour *La croix de L'Islette*, p. 105.

899. Un voilier, illustration pour le même texte, p. 110.

900. Un coucher de soleil, illustration pour *Le couchant*, p. 111.

901. Un bâtiment de ferme, illustration pour le même texte, p. 115.

902. Une maison, illustration pour *Le petit Laurent*, p. 117.

903. Deux enfants, illustration pour le même texte, p. 121.

904. Cascades, illustration pour *La Pointe-aux-Graines*, p. 123.

905. Un navire échoué sur le rivage, illustration pour le même texte, p. 133.

906. Des arbres, illustration pour *Profils d'Anticostiens*, p. 134.

907. Un pêcheur à la ligne, illustration pour le même texte, p. 141.

908. Un cap, illustration pour *La Baie Sainte-Claire*, p. 143.

909. Un canon, illustration pour le même texte, p. 145.

910. Port de pêche, illustration pour *Les Madelinots*, p. 147.

911. Chasseurs de phoques, illustration pour le même texte, p. 185.

912. Un village, illustration pour *Le Havre-au-Ber*, p. 186.

913. Cabanes de pêcheurs, illustration pour le même texte, p. 196.

914. Port de pêche, illustration pour *L'Étang-du-Nord*, p. 197.

915. Pêche aux coques, illustration pour le même texte, p. 206.

916. Une église, illustration pour *Le Havre-aux-Maisons*, p. 205.

917. Un cap, illustration pour le même texte, p. 233.

918. Paysage côtier, illustration pour *La Grande-Entrée*, p. 234.

919. Transport de cages à homards, illustration pour le même texte, p. 254.

920. Paysage côtier, illustration pour *La Grosse-Isle*, p. 255.

921. Cages à homards, illustration pour le même texte, p. 268.

922. Falaise, illustration pour *Brion*, p. 269.

923. L'île Brion, illustration pour le même texte, p. 285.

924. Habitations le long d'un rang, illustration pour *La chanson des liards*, p. 287.

925. Un ruisseau, illustration pour le même texte, p. 290.

926. Des ormes dans un champ, illustration pour *La chanson des ormes*, p. 291.

927. Paysage, illustration pour le même texte, p. 295.

928. Scènes d'hiver en campagne, illustration pour *La chanson de la neige*, p. 296.

929. Un chasseur en forêt, illustration pour le même texte, p. 301.

**Edmond-Joseph Massicotte,
NOS CANADIENS D'AUTREFOIS,
1923.**

930. Deux enfants faisant un bonhomme de neige, p. 4.

931. *Le Mardi Gras à la campagne*, p. 5.

932. Un habitant en costume d'hiver, p. 8.

933. *La bénédiction du jour de l'An*, p. 9.

934. Joueurs de dames, p. 12.

935. *Le réveillon de Noël*, p. 13.

936. Un habitant en costume d'hiver et fumant la pipe, p. 16.

937. *La visite de la Quête de l'Enfant-Jésus*, p. 17.

938. Un violoneux, p. 20.

939. *Une veillée d'autrefois*, p. 21.

940. Un habitant aux champs, p. 24.

941. *Le Saint-Viatique à la campagne*, p. 25.

942. Un habitant portant ses oeufs dans des paniers, p. 28.

943. *Une épluchette de blé-d'inde*, p. 29.

944. Les sucres, p. 32.

945. *Les sucres*, p. 33.

946. Habitant fumant la pipe, p. 36.

947. *Le retour de la messe de Minuit*, p. 37.

948. Un jeune couple aux champs, p. 40.

949. *La fournée du bon vieux temps*, p. 41.

950. Deux enfants à la cueillette de framboises, p. 44.

951. *L'Angélus*, p. 45.

952. Habitant portant un chapeau haut-de-forme, p. 48.

953. *Une noce d'autrefois*, p. 49.

* * *

Dans la même série, cinq gravures imprimées sur papier de format 14 X 17 pouces et destinées à constituer un deuxième album étaient vendues par l'auteur «60 sous chacune». La mort le frappant brusquement en 1929, Massicotte ne réalisa jamais ce projet. Cependant, certaines bibliothèques réunirent en un album les douze planches déjà parues en y ajoutant les cinq nouvelles planches, constituant ainsi un album plus complet. On trouve un tel album, relié par *Le Soleil*, à la Bibliothèque de l'Assemblée Nationale du Québec.

Les titres de ces gravures sont dans l'ordre de leur exécution.

954. *La prière en famille.*

955. *Un magasin général de jadis.*

956. *Le traditionnel gâteau des Rois.*

957. *Une messe de Minuit dans un chantier d'autrefois.*

958. *Les visites du jour de l'An au temps passé.*

* * *

959. *Les deux chemins. Que deviendra cet enfant?* Tableau antialcoolique en couleurs, composé par Edmond-Joseph Massicotte et publié par le R.P. Pelletier, o.m.i., (1900). Format de 22 X 18 pouces.

**Édouard-Zotique Massicotte,
LA CITÉ DE SAINTE-CUNÉGONDE
DE MONTRÉAL.
NOTES ET SOUVENIRS,
1893.**

960. *Chas. F. Lalonde* (Premier maire de Sainte-Cunégonde, ancien président de l'Association Saint-Jean-Baptiste, échevin), p. 5.

961. *Résidence Gilbert* (devenue la résidence de C.F. Lalonde), p. 6.

962. *S. Delisle* (deuxième maire de Sainte-Cunégonde, ancien marguillier, premier président l'Association Saint-Jean-Baptiste, ancien commissaire d'école, échevin), p. 9.

963. *H. Morin* (troisième maire de Sainte-Cunégonde, ancien marguillier, ancien commissaire d'école, échevin), p. 13.

964. *J.H. Doré* (quatrième maire de Sainte-Cunégonde, ancien marguillier, commissaire d'école, ancien président de l'Association Saint-Jean-Baptiste, échevin), p. 15.

965. *Porteur d'eau*, p. 22.

966. *Hôtel de Ville*, p. 23.

967. *L.H. Henault* (cinquième maire de Sainte-Cunégonde, échevin), p. 29.

968. *G.N. Ducharme* (président de l'Association Saint-Jean-Baptiste, greffier de la cité), p. 33.

969. *Abbé A. Séguin* (premier curé de Sainte-Cunégonde), p. 37.

970. *Ancien presbytère*, p. 47.

971. *Presbytère actuel*, p. 52.

972. *Soubassement de l'Église* (sic), p. 61.

973. *L'Église — extérieur*, p. 65.

974. *Windstanley Hall*, p. 71.

975. *L'Église — intérieur*, p. 75.

976. *Maison de charité*, p. 84.

977. *Temple St. Jude actuel*, p. 86.

978. *Collège des garçons*, p. 92.

979. *Académie des jeunes filles*, p. 96.

980. *Pensionnat Ste-Angèle*, p. 98.

981. *École de la rue Delisle*, p. 100.

982. *Ordre des Forestiers Catholiques*, p. 107. (sept portraits)

983. *Ordre Indépendant des Forestiers*, p. 116. (cinq portraits)

984. Vélocipède, p. 124.

985. *Le théâtre Ste-Cunégonde durant la représentation de «La Fleur de Lys»*, p. 127.

Édouard-Zotique Massicotte, CONTEURS CANADIENS-FRANCAIS DU XIXe SIÈCLE, 1902.

La plupart des illustrations de cet ouvrage avaient déjà été publiées.

986. Philippe-Aubert de Gaspé, fils, p. 2.

987. Alphonse Poitras, p. 26.

988. Philippe-Aubert de Gaspé, père, p. 34.

989. Faucher de Saint-Maurice, p. 70.

990. Benjamin Sulte, p. 92.

991. P.J.O. Chauveau, p. 104.

992. J.C. Taché, p. 116.

993. Charles-M. Ducharme, p. 128.

994. Madame R. Dandurand, p. 136.

995. Louis Fréchette, p. 148.

996. H. Beaugrand, p. 208.

997. Françoise, p. 226.

998. Wilfrid Larose, p. 252.

999. Louvigny de Montigny, p. 262.

1000. L. Pamphile Lemay, p. 276.

1001. Ernest Choquette, p. 300.

Frères des écoles chrétiennes, HISTOIRE DU CANADA, 1914.

1002. *Christophe Colomb*, p. 5.

1003. *Jacques Cartier*, p. 35.

1004. *Samuel de Champlain*, p. 64.

1005. *Vénérable mère Marie de l'Incarnation*, p. 100.

1006. *Paul de Chomedey, sieur de Maisonneuve*, p. 106.

1007. *Jeanne Mance*, p. 109.

1008. *Vénérable Marguerite Bourgeoys*, p. 129.

1009. *Mgr François de Montmorency-Laval*, p. 130.

1010. *Tissage à la maison*, p. 140.

1011. *L'Intendant Talon*, p. 159.

1012. *Pierre Le Moyne, sieur d'Iberville*, p. 194.

1013. *Le marquis de Montcalm*, p. 267.

1014. *Général Wolfe*, p. 280.

1015. *Guy Carleton*, p. 326.

1016. *Mgr Plessis*, p. 366.

1017. *Mgr Bourget*, p. 410.

1018. *Sir L.H. La Fontaine*, p. 446.

1019. *Lord Elgin*, p. 456.

1020. *Les pères de la Confédération*, p. 487. (6 portraits)

1021. *Lord Dufferin*, p. 517.

1022. *Duc de Connaught*, p. 521.

1023. *La reine Victoria*, p. 524.

1024. *Le roi Édouard VII*, p. 534.

1025. *Le roi George V*, p. 535.

1026. *Le cardinal Taschereau*, p. 578.

Le même volume aurait de toute évidence été publié deux fois en 1914. L'une des éditions a 718 pages et deux illustrations ont été ajoutées. Aucune n'a été retranchée.

Ces deux illustrations sont:

1027. *Le sucre d'érable*, p. 590.

1028. *Cardinal Bégin*, p. 632.

Tous ces dessins, à l'exception des numéros 1009 et 1026, ne sont pas signés. Plusieurs, cependant, ont déjà été publiés avec la signature de l'auteur, antérieurement, surtout dans *Le Monde illustré*. Ils seront également repris dans l'édition de 1947.

**Duncan McArthur,
HISTORY OF CANADA
FOR HIGH SCHOOLS,
TORONTO,
1946.**

1029. *The Corn-Husking*, p. 213.

1030. *Sugar-Making*, p. 212.

1031. *The open bake-oven*, p. 209.

1032. «From a sketch by Edmond J. Massicotte in *Nos Canadiens d'Autrefois*».

**Les frères du Sacré Coeur,
MES PREMIERES LECONS
DE RÉDACTION,
1915.**

1033. Écolier à son pupitre, illustration pour la page couverture.

1034. Une poule, p. 20.

1035. Une maison, p. 22.

1036. Une première communion, p. 28.

1037. Une ruche d'abeilles, p. 30.

1038. Deux moutons, p. 35.

1039. Un petit garçon écrivant une lettre, p. 38.

1040. Enfants sur leur traîneau, p. 41.

1041. Enfants dans une épicerie, p. 44.

1042. Une feuille d'érable, p. 45. (non signée)

1043. Jeune garçon et sa mère au déjeuner, p. 59.

1044. Jeunes garçons dans la rue, p. 61.

1045. Jeune femme en prière, p. 64.

1046. Personnages dans une cuisine, p.66.

1047. Jacques Cartier, p. 70.

1048. Trois enfants dans une épicerie, p. 113.

1049. Un vieillard et un enfant, p. 126.

1050. Une famille à table, p. 127.

1051. Un père et son garçon devant la boutique d'un libraire, p. 128.

1052. Retour des foins, p. 129.

1053. *Ma mère*, p. 130.

1054. *La fête du père*, p. 131.

Édouard-Z. Massicotte, CENT FLEURS DE MON HERBIER, 1924.

Les dessins de fleurs, le plus souvent signés, contenus dans ce volume ont, pour la plupart été publiés dans *Le Monde illustré* pour la série *Nos fleurs canadiennes*. Il est donc inutile de les reprendre ici.

Laure Conan, A L'OEUVRE ET A L'ÉPREUVE, 1958.

1055. Une religieuse et une jeune fille, p. 21.

1056. Monsieur de Champlain et monsieur Garnier, p. 46.

1057. Une soirée de musique. Plusieurs personnages dont le Père de Brébeuf et monsieur de Champlain, p. 63.

1058. Charles Garnier à genoux devant le crucifix, p. 70.

1059. Un jeune homme et une jeune fille dans un jardin, p. 89 (et la page couverture du livre).

1060. Madame Garnier et un religieux, p. 98.

1061. Deux personnages: un homme et une femme, p. 101.

1062. Une jeune fille, p. 115.

1063. Un religieux et une jeune fille, p. 122.

1064. Un missionnaire, p. 134.

1065. Un missionnaire et trois indiens dans un canot, p. 148.

1066. Deux missionnaires, p. 154.

1067. Deux missionnaires et un bébé indien, p. 157.

1068. Un missionnaire et un indien, p. 172.

1069. Un missionnaire, p. 191.

ANNEXE I

Illutrations de Massicotte, inventoriées après la rédaction de l'ouvrage. Ces dessins ont été publiés dans un recueil de textes préparé par la rédaction du «Bulletin Paroissial» de l'Immaculée-Conception, à Montréal, sous le titre: *Autour du foyer canadien*. Montréal, Imprimerie du messager, 1914.

1070. L'Aiguillage, illustration pour un texte intitulé *L'Aiguillage*, p. 17.

1071. Une femme et un enfant, illustration pour un texte intitulé *Papa le dit bien lui!* p. 38.

1072. Une femme préparant un plat, illustration pour un texte intitulé *Autour de la marmite*, p. 68.

1073. Deux commères, illustration pour un texte intitulé *C'est-y de valeur, une si charmante fille*, p. 120.

1074. Un vieillard alité et un prêtre, illustration pour un texte intitulé *Le prix d'une âme*, p. 126.

1075. Un habitant et un citadin en discussion, illustration pour un texte intitulé *Mon cheval, mais il est à moi, ventrebleu*, p. 196.

1076. Des enfants et des policiers, illustration pour un texte intitulé *Encore l'école obligatoire*, p. 216.

1077. *Train pour St-Jérôme, Ste-Agathe!...Messieurs les voyageurs en voiture*, illustration pour un texte intitulé *La religion... affaire d'argent*, p. 226.

1078. Un homme et un prêtre sous la pluie, illustration pour un texte intitulé *Et puis toutes les religions sont bonnes, n'est-ce pas?* p. 238.

1079. Deux hommes, illustration pour un texte intitulé *Les prêtres, ça c'est riche!* p. 246.

1080. Un homme et un prêtre, illustration pour un texte intitulé *Les curés... bah! ils sont comme les autres*, p. 250.

1081. Un homme et un prêtre, illustration pour le même texte, p. 259.

ANNEXE II

Dix-sept cahiers de petit format, représentant au total 793 feuillets la plupart du temps couverts de croquis, au verso comme au recto. Ces petits cahiers inédits ont récemment fait l'objet d'une acquisition par le Musée du Québec.

En voici la liste signalétique:

1. Cote A 76 346 D, format 14,5 x 12 cm, contenant 114 feuillets, datés de 1902, 1903 et 1904.

2. Cote A 76 347 D, format 14,2 x 10,3 cm, contenant 72 feuillets, datés de 1908.

3. Cote A 76 348 D, format 20 x 12,5 cm, contenant 50 feuillets, datés de 1905 et 1908.

4. Cote A 76 349 D, format 22 x 14 cm contenant 45 feuillets, datés de 1906.

5. Cote A 76 350 D, format 24 x 14 cm, contenant 27 feuillets, datés de 1898. Signé à l'endos de la page couverture: Edmond-J. Massicotte.

6. Cote A 76 351 D, format 23,5 x 15 cm, contenant 18 feuillets, datés de 1911 et 1918.

7. Cote A 76 352 D, format 26,5 x 20,3 cm, contenant 22 feuillets, datés de 1908.

8. Cote A 76 353 D, format 26 x 18 cm, contenant 39 feuillets, datés de 1899, 1900 et 1901.

9. Cote A 76 354 D, format 27,5 x 21,1 cm, contenant 28 feuillets, datés de 1916.

10. Cote A 76 355 D, format 20,3 x 13,2 cm, contenant 28 feuillets, datés de 1901.

11. Cote A 76 356 D, format 14,5 x 12 cm, contenant 74 feuillets, datés de 1906-1926.

12. Cote A 76 357 D, format 18 x 13 cm, contenant 30 feuillets, non datés.

13. Cote A 76 358 D, format 18 x 13,5 cm, contenant 27 feuillets, datés de 1908.

14. Cote A 76 359 D, format 17, x 10,5 cm, contenant 32 feuillets, datés de 1906.

15. Cote A 76 360 D, format 14,4 x 10,3 cm, contenant 77 feuillets, datés de 1907.

16. Cote A 76 361 D, format 14,3 x 10 cm, contenant 71 feuillets, datés de 1909.

17. Cote A 76 362 D, format 24,2 x 15,8 cm, contenant 44 feuillets, datés de 1905.

Bibliographie

SOURCES ICONOGRAPHIQUES

Pour tenir compte des grandes étapes de la carrière de l'illustrateur, les sources suivantes sont présentées dans l'ordre chronologique.

Le Monde illustré (Montréal). Du 15 octobre 1892 au 4 janvier 1902, Massicotte collabore au journal d'une façon soutenue. A partir du 19 avril 1902, l'hebdomadaire change son titre pour celui d'*Album universel*.

Massicotte, Édouard-Zotique, *Sainte-Cunégonde; notes et souvenirs*, Montréal, Stanley Houle, 1894, 200 p. Illustrations d'Edmond-Joseph Massicotte.

Le Passe-Temps (Montréal). Du 7 septembre 1895 au 24 décembre 1910, collaboration soutenue de Massicotte.

Le Canard (Montréal). Du 28 août 1896 au 30 janvier 1897, collaboration soutenue de Massicotte.

Massicotte, Édouard-Zotique, *Conteurs canadiens-français du XIXe siècle*, Montréal, Beauchemin, 1902, 330 p. Illustrations d'Edmond-Joseph Massicotte.

Album universel (Montréal). Du 19 avril 1902 au 25 juin 1904. A l'occasion, on trouve des dessins signés Edmond-J. Massicotte.

Almanach du peuple (Montréal), Beauchemin. Massicotte est l'illustrateur attitré de cet almanach de 1909 à 1929.

Histoire du Canada, Montréal, Frères des écoles Chrétiennes, 1914, 737 p. Illustrations d'Edmond-Joseph Massicotte. Les mêmes dessins sont repris dans l'édition de 1947.

Mes premières leçons de rédaction, Montréal, Frères du Sacré-Coeur, 1915, 134 p. Illustrations d'Edmond-Joseph Massicotte.

Almanach Rolland, agricole, commercial et des familles, Québec, J.B. Rolland et fils. De 1916 à 1928, collaboration soutenue de Massicotte.

En coll., *La Corvée, deuxième concours littéraire de la Société Saint-Jean-Baptiste de Montréal*, Montréal, 1917, 239 p. Illustrations d'Edmond-Joseph Massicotte.

Almanach de l'Action sociale catholique, Québec. Collaboration occasionnelle de Massicotte entre 1918 et 1924.

En coll., *Aux pays de l'érable, quatrième concours de la Société Saint-Jean-Baptiste de Montréal*, Montréal, 1919, 194 p. Illustrations d'Edmond-Joseph Massicotte.

Marie-Victorin, *Récits laurentiens*, Montréal, Frères des écoles Chrétiennes, 1919, 301 p. Illustrations d'Edmond-Joseph Massicotte.

Marie-Victorin, *Croquis laurentiens*, Montréal, Frères des écoles Chrétiennes, 1920, 301 p. Illustrations d'Edmond-Joseph Massicotte.

La Presse (Montréal), 18 juin 1921. Dix illustrations réunies sur une même page signées Edmond-J. Massicotte. Le 27 décembre 1929, on trouve un dessin intitulé *La visite du jour de l'An* signé Edmond-J. Massicotte.

Massicotte, Edmond-Joseph, *Nos Canadiens d'autrefois*, Montréal, Granger frères, 1923. Illustrations d'Edmond-Joseph Massicotte.

La voix nationale, organe des missionnaires-colonisateurs du Canada, S.L. Entre 1923 et 1932, on trouve parfois des dessins signés Edmond-J. Massicotte.

Massicotte, Édouard-Zotique, *Cent fleurs de mon herbier*, Montréal, Beauchemin, 1924, 122 p. Illustrations d'Edmond-Joseph Massicotte.

Conan, Laure, *A l'oeuvre et à l'épreuve*, Montréal, Beauchemin, 1958, 219 p. Illustrations d'Edmond-Joseph Massicotte.

Calepins personnels, Massicotte, Edmond-Joseph. Dix-sept cahiers de petit format, collection Musée du Québec, cotes A 76 346 D - A 76 362 D, 1899-1926.

SOURCES MANUSCRITES

Ottawa, Musée de l'Homme, Fonds Marius Barbeau, lettre de Édouard-Z. Massicotte à Marius Barbeau, directeur du Musée National, datée du 31 décembre 1942.

Québec, Inventaire des biens culturels, «Massicotte (Edm.-J.), Fonds Morisset, notes 17100.»

Laliberté, Alfred, *Les artistes de mon temps*, S.L.S.D. notes, coll. privée.

ÉTUDES GÉNÉRALES

Barbeau, Marius. *Henri Julien*, Toronto, The Ryerson Press, 1941, 44 p.

Charrié, Pierre. *Le folklore du Haut-Vivarois*, Paris, F.E.R.N., 1968, 257 p.

Desrochers, Léon. *Le Sault-au-Récollet*, Montréal, 1936.

Ducharme, Charles-Marie. «A la Sainte-Catherine», *Le Monde illustré* (Montréal), 17 novembre 1900, p. 46.

Dupont, Jean-Claude. *Le sucre du pays*, S.L., Leméac, 1975, 117 p.

Genest, Joseph. «Sainte-Cunégonde; notes et souvenirs», *Le Monde illustré* (Montréal), 19 mai 1894, p. 29.

Martin, Paul-Louis. *La berçante québécoise*, Montréal, Boréal Express, 1973, 173 p.

Massicotte, Édouard-Zotique. *Anecdotes canadiennes, suivies de moeurs, coutumes et industries d'autrefois.* Montréal, Beauchemin, 1913. 140 p.

Massicotte, Édouard-Zotique. «Nos industries d'autrefois, le foulage de l'étoffe», *Almanach du peuple*, Montréal, Beauchemin, 1921, p. 340.

Massicotte, Édouard-Zotique. «L'industrie du lin au Canada», *Almanach du peuple*, Montréal, Beauchemin, 1922, p. 353.

Massicotte, Édouard-Zotique. «Une noce il y a cinquante ans», *Almanach du peuple*, Montréal, Beauchemin, 1925, p. 334-340.

Massicotte, Édouard-Zotique. «Coutumes et industries qui s'en vont, bottes sauvages et souliers de boeuf», *Almanach du peuple*, Montréal, Beauchemin, 1926, p. 358.

Morisset, Gérard. *Coup d'oeil sur les arts en Nouvelle-France*, Québec, 1941, 170 p.

Rodrigue, Denise. *La civilisation canadienne-française retracée dans les écrits d'E.-Z. Massicotte*, 1968, 326 p., thèse, Université Laval.

Saint-Pierre, Angéline. *Médard Bourgault, sculpteur*, Québec, Garneau, 1973, 128 p.

Vézina, Raymond. *Cornelius Krieghoff*, Québec, Pélican, 1972, 220 p.

ÉTUDES SPÉCIALES

Anonyme. *Le Monde illustré* (Montréal), 19 février 1898.

Anonyme. *La Presse* (Montréal), 18 juin 1921.

Anonyme. *La Presse* (Montréal), 2 mars 1929.

Anonyme. *Almanach du peuple*, Montréal, Beauche-min, 1923, p. 258.

Déziel, Julien. «Notre dessinateur canadien Edm. Mas-sicotte», *Les Cahiers Franciscains*, Montréal, vol. III, no 1 (Décembre 1933), p. 219-224.

Hébert, Casimir. «Introduction», Edmond-Joseph Massicotte, *Nos Canadiens d'autrefois*, Granger frères, 1923.

Massicotte, Édouard-Zotique. «Un conteur d'aujour-d'hui», *Le Monde illustré* (Montréal), 4 janvier 1902, p. 612.

Ouimet, Raphaël. *Biographies canadiennes-françaises*, Montréal, 1927, p. 482.

Table des matières

Préface 7

Avant-propos 15

1. La carrière 21

2. La recherche de la vérité 45

3. Les thèmes 59

4. L'époque 151

5. Le folklore oral 175

Conclusion 187

Catalogue des dessins inventoriés 195

Bibliographie 235

Cet ouvrage, le premier de la collection «Iconographie de la vie québécoise», a été achevé d'imprimer en mars 1979, par les travailleurs des Éditions Marquis, à Montmagny, pour le compte des Éditions du Boréal Express.